ドラコンクイーンが
365ヤード
飛ばすために
やってきたこと

高島早百合

プロゴルファー

Volvik

Sayuri Takashima's Driver Shot 正面

Sayuri Takashima's Driver Shot 後方

はじめに

はじめまして、プロゴルファーの高島早百合と申します。

２０１８年に出場したドラコン大会で、女子の日本最長記録となる３６５ヤードをマークし、現在はドラコン大会への参戦や企画運営、そしてゴルフスタジオやさまざまなメディアを通してアマチュアの方にレッスンなどを行っています。

ドラコン選手として、「飛距離アップ」をテーマにレッスンを行うこともありますが、そのためには「ボールが曲がらないこと」が大切であり、「効率のいいスウィングで適正にインパクトすること」が何より重要と考えているので、結果的に飛距離アップにつながる、「スウィングの基本」をしっかり身につけられるレッスンを中心に行っています。

なぜドラコン大会に参戦するようになったのか、なぜレッスンを行うようになったのかは、私が18歳でプロテストに合格し、ツアーに参戦してから感じた大きな挫折に由来します。

それは、イップスの経験です。ある時期から私は、「早く結果を出さなくては！」という焦りとプレッシャーで、試合になるとまともなショットが打てなくなってしまったのです。そんなときに出合ったのが、ドラコンでした。

当時の私は「技術がないから結果が出ない」と悲観的に考えていましたが、あるきっかけでアマチュアの方へのレッスンやドラコンに挑戦するようになり、結果が出始めたことで自信を取り戻し、不調の原因はメンタルだったことに気づきました。

そして、試合を転戦する慌ただしい日常から離れたことで、ゴルフの理論について考える余裕が生まれ、スウィングへの理解を深めることもできました。アマチュアの方へのレッスンでは、自分の感覚をわかりやすく言葉にする経験をし、私自身が以前コーチから指導されたことが腑に落ち、改めて自分の感覚とつながるようになってきました。そうなると不思議なもので、無我夢中で膨大な量の練習をこなしていたころよりも、自分のゴルフが良くなり、ゴルフ自体もシンプルに考えられるようになったのです。

また何より、ゴルフを客観的に見ることができ、ゴルフの楽しさ、マナーを含めたゴルファーの立ち居振る舞いの素晴らしさを改めて感じ、もっと多くの方にゴルフの魅力を伝えたいと強く思うようになりました。今、私がアマチュアの方に教えていること、そしてこの本で皆さんにお伝えしたいと思っていることは、そういった経験の産物です。

皆さん、ゴルフスウィングを難しく考え過ぎていませんか？

体をねじったり、腕を振り上げたり、「下半身リード」「切り返し」などゴルフスウィングならではの言葉もたくさんあります。スウィング中に意識しなければならないポイントが多く、「あっちが良くなれば、こっちがダメ」ということもあるでしょう。

でも私は、ゴルフスウィングはもっとシンプルであるべきだと考えています。実際、ドラコン選手として１ヤードでも遠くに飛ばすために、できるだけ無駄な動きを削ぎ落とし、体に負担がかからず、気持ちよく振れるスウィングを追求してきました。

その結果が、「腕は上下に動く」「肩（上半身）は横回転」「腰は自然に後ろに動く」というシンプルな動きです。上半身主体のこの動きを理解し技術を磨くことで、体重移動やフェースローテーションなども自然に行われ、効率のいいインパクトを生み出します。そして結果的に、ボールは曲がらず飛距離は伸びる。飛距離アップは、体格やパワーによるものではなく、いかに効率のいいスウィングができるかどうかです。私が３６５ヤードの記録を出せたのも、ボールに力を加えられる効率のいいスウィングができるようになったからです。

ですから、本書は飛距離アップだけに特化した特別な理論を紹介するものではありません。難しい理論の理解や高度な技術を求めるものでもないので、上級者にとってはスウィングの本質を見直すきっかけになり、初心者・中級者にとってはスウィングの基本を理解し身につけられる「教科書的な内容」になっています。

また、WEBメディア「みんなのゴルフダイジェスト」で行ったレッスンと一部連動していますので、動画でレッスンを見ることもできます。文章と写真と動画でポイントを詳しく解説していますので、自分のスウィングと見比べて、何が必要なのかを確認しながら読み進めていただくことをおすすめします。

動画だけのレッスンは、ミスの原因とその対処法、もしくは目指すものとそのための方法だけを解説しているものも多く、その間の因果関係を省略しがちですが、本当の上達は、「こうする」と「こうなる」の間の部分を理論的に理解することが大切です。そのため、「説明が細かい！」と感じるかもしれませんが、ぜひ最後までお付き合いください！

そして、本書を読み終えたあとに、飛距離アップとスコアアップが達成でき、皆さんの豊かなゴルフライフの一助になれば幸いです。

CONTENTS

第2章

アドレスからフィニッシュまで 効率のいいスウィングを手に入れる！

第3章 より速く安定して振れる 誰でも簡単！飛ばしの筋トレ

第4章 もっとラクに振れる！ もっとスコアが上がる！ 飛距離アップのエッセンス

写真
有原裕晶（Golf）
三木崇徳（Cover, Training）

デザイン
株式会社シトラス・インク

ヘアメイク
市川香

衣装協力
株式会社FDR

編集協力
鈴木康介

撮影協力
高根カントリー倶楽部

本書の使い方

本書は、ゴルフレッスンを文章と写真、さらに動画で紹介しています。
読んで理解を深め、写真や動画を見ながら体の動きをチェックしてみてください。

各テーマを文章で解説

QRコードから関連動画チェック！

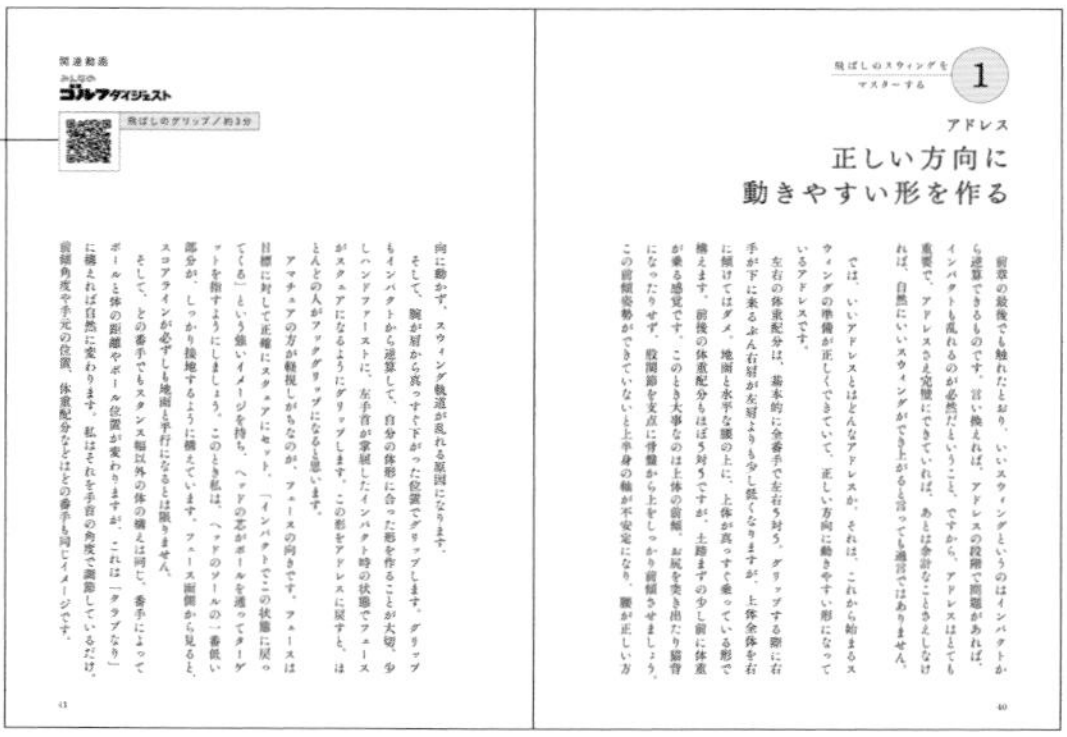

各テーマの初めに、レッスンを文章で丁寧に解説していきます。また、WEBメディア「みんなのゴルフダイジェスト」の関連動画があるときはページ上部にリンクするQRコードも掲載しています。

写真解説でさらに詳しく！

細かい動きを写真で確認！

文章の解説を読み終えたら、さらに細部を詳しく写真で解説していきます。写真を見ながら、体の動きを確認してみてください。

第1章

なぜ、飛ばない？
なぜ、曲がる？

飛ばすための インパクト！

しっかり振っているのに「飛ばない」のは
インパクトに原因があります。
なぜ飛ばないのか、なぜボールが曲がるのかについて
その理由と目指すべきスウィングの基本を解説します。

飛ばすための
インパクト!

1

飛ばしにパワーはいらない

効率よくインパクトする「技術」が必要

皆さんは、「飛ばし」とは何かを考えたことはありますか？　飛ばしの本質とはどこにあるのでしょうか？

皆さんのゴルフ仲間を見回してください。飛ぶ人というのは体格がよくて体が大きい人なのか、筋骨隆々でパワーがある人なのか。もちろん、そういう人には飛ばし屋が多いですが、必ずしもそうとは限りません。

非力なのに飛ぶ人もたくさんいますし、恐らく皆さんよりも体格や腕力で劣る一般的な女子プロの多くは、その代表とも言えるでしょう。365ヤードのドラコン記録を持っている私は、確かに身長は高いほうで筋力トレーニングもしていますが、一般男性と比べて圧倒的に身体能力が高いわけではありません。

では、何が違うのか。

飛ばす「技術」の差だと私は考えています。

ゴルフは、長いシャフトの先端にヘッドがついた特殊な形状の道具で、ボールを打って飛ばす競技です。そのため、どんなにクラブを速く振ることができてもヘッドをボールに適切にヒットさせなければ、コースの幅にボールは飛ばず、「飛んだ」という結果には結びつきません。「飛ばす」ためには、クラブを速く振りながらも、狙う方向に対して適切な軌道で、フェースをスクエアに適正ロフトで当てる、という技術が求められるのです。

こういうと、皆さんは飛ばすためには「速く振る技術」と「適正に当てる技術」の２つの技術が必要と考えるかもしれません。非力な女子プロがあれだけ飛ばせるのは、きっと「速く振るコツ」を持っているのではないかと。

もちろん、速く振ることも飛距離アップには重要な要素です。でも、それだけならプロもアマチュアも大きな差はないでしょう。

ポイントは、「ヘッドにボールを適正に当てられるか」です。ヘッドスピードのエネルギーを効率よくボールに伝え、適正にインパクトできる技術があれば、ボールは曲がらず飛距離アップが可能です。これこそが飛ばしの本質であり、これからお伝えするスウィング術によって手に入れることができるのです。

飛ばすための
インパクト!
2

インパクトでボールにしっかり力を伝える

適正ロフトでボールを押す

たまに、「クラブは速く振れるのに飛距離が出ない」という人がいますが、これはインパクトの効率が悪い典型です。たとえば、一般男性でヘッドスピードが45m/s前後あるのに飛距離が250ヤード未満という人は、本来出せる飛距離のポテンシャルに対して大きなロスをしています。

このような効率の悪いスウィングをしたまま飛距離を伸ばそうと筋トレをしても、実は逆効果。曲がり幅が大きくなったり、スピンが過剰になって吹き上がったり、飛距離が伸びないだけでなく、思うようなショットが打てなくなってしまいます。

一方、インパクト効率のいいスウィングができれば、必然的に軌道もいいし動きもスムーズ。パワーアップしなくても、ヘッドスピードは自然に上がります。後ほど筋トレを紹介しますが、筋トレは効率のいいスウィングができたうえで行うことで、その効果を発揮します。パワーアップよりも、まずは効率よくインパクトすることを目指しましょう。

では効率のいいインパクトとは、どんなものでしょうか。私が考える絶対的な条件は、

・打ち出し方向に対してボールの真後ろからヘッドが真っすぐ「衝突」し、フェースがスクエアであること。

・入射角は緩やかで、軌道の最下点の少し先で、アドレスよりもややハンドファーストの状態でロフトが増えずに当たること。

・実際のスウィング軌道はイン・トゥ・インですが、インパクト前後のゾーンはほぼ直線、真っすぐ後ろからボールを押すイメージ。

これらの条件が揃えば、効率のいいインパクトに近づき、ヘッドが加速したインパクトを迎えることができます。

そのためには、まず手首の形がポイント。左手首は手のひら側に折れ（掌屈）、右手首は甲側に折れている（背屈）状態で、ボールを押すような形であることがとても重要です。

この効率のいいインパクトを作るためには、いいダウンスウィングが必要で、そのための切り返しやトップの位置もおのずと決まってきます。そして、そのトップを作るためのバックスウィング、そのためのアドレス。スウィングをさかのぼって考えることで、飛ばせるスウィングが自然に決まるのです。

Point 1

飛ばない人はボールに力を伝えられていない

CHECK!
腰が引けている
CHECK!
あおり打ち
CHECK!
フェースが開いている

なっていませんか？

CHECK!

スウィングのエネルギーを
しっかり伝えられていますか？

飛ばないアマチュアの多くは、スウィングのエネルギーがボールにうまく伝わらない効率の悪いインパクトでボールを打っています。インパクトでフェースが開くのはその典型で、軌道があおり打ちになっていたり、手首がほどけてしまうと、ボールは曲がり飛距離は出ません。体の回転不足や、回転していても不適切な動きで腰が引けると、体のエネルギーがクラブにうまく伝わらず、軌道は乱れてスピードも落ちます。

こんなインパクトに

Point 2

スクエアフェース、適正ロフトでヒット！

CHECK!
最下点の
少し先でヒット
CHECK!
ロフトが
少し立つ

CHECK!

ヘッドとボールがエネルギーロスなく衝突する状態を作る

効率のいいインパクトとは、スクエアフェースでボールを真っすぐ後ろからヒットできるインパクトです。緩やかな入射角で下りてきたヘッドがボールの手前で最下点を迎え、やや上昇軌道に入ったところでインパクトを迎えます。このとき、ややハンドファーストで、ロフトが立った状態で当たるのが理想。スウィングで生じたヘッドの運動エネルギーを、最も効率よくボールに伝えられ、最大飛距離を生むことができます。

ハンドファーストがほどけるとロフトが増えるうえ、フェースがかぶりやすい。ヘッドも減速して当たってしまう

カット軌道でヘッドが上から入ると、フェースが開きやすく球が曲がる。さらにバックスピンも増えて、飛距離のロスになりやすい

Point 3

左手首は掌屈 右手のひらは目標を向く

左手

左手首は掌屈しながら、アドレス時よりも目標方向に押し込まれる。ハンドファーストでもフェースが開かず、ロフトを立てて球をとらえられる

右手

右手首は背屈しつつ、手のひらを目標方向に向けたまま押し込むようなイメージ。右ひじがわき腹から離れずに体が回転していくことが必要

CHECK!

右手のひらでボールを押し込んでいくようにインパクト

効率のいいインパクトを迎えるためには、インパクト時の手首の向き・角度がとても重要。ややフックグリップに握った形から、アドレス時よりも手元が目標方向に押し込まれるとともに、左手首は手のひら側に折れ（掌屈）、右手首は手の甲側に折れます（背屈）。これによって、ハンドファーストでロフトを立てつつもフェースをスクエアに保ち、体の回転と連動してボールを右手のひらで真横から押すような形が生まれます。

Point 4

インパクトから逆算すればいいスウィングにたどり着く

CHECK!

効率のいいインパクトを迎えるための準備動作

効率のいいインパクトを迎えるためには、その直前のダウンスウィングがいい状態である必要があります。同様にいいダウンスウィングのためのいいトップ、いいトップのためのいいバックスウィングが必要。そして、いいバックスウィングを行うには必然的にアドレスに求められる形も決まってくるのです。このように、いいスウィングというのは、いいインパクトから逆算されたものであると言えます。

いいダウンスウィングのための

トップ

上半身の回転と連動して、右腰は後ろに動いている。腰、肩、腕がダウンスウィングに入れば、自然とクラブはプレーンに乗る位置に収まっていて、手首の角度も完成している

いいインパクトのための

ダウンスウィング

インパクトに向けて、肩が回り始め左腰は後ろに動き、腕は下りてきている。この段階でクラブはプレーンに乗っており、両手首の角度もインパクトと同じ状態になっている

いいバックスウィングのための

アドレス

フェースはスクエアにセットされ、骨盤から適正な前傾姿勢ができている。手元は体の正面の下がり切った位置にあり、バックスウィングの始動のために何の微調整も不要な形

いいトップのための

バックスウィング

いいトップに収まるように、手元は体の正面に保たれたまま、手首の屈曲が始まっている。腕の上昇と連動して、右腰は後ろに動き、前傾が保たれたまま肩の右回転が始まっている

飛ばすための
インパクト！ 3

腕・肩・腰の動きを正しく連動させる「3つのベクトル」の管理

これからゴルフスウィングの動きを説明していく前提として、私の理論の根幹を先に説明したいと思います。

それは、「スウィング中、腕・肩・腰はすべて異なる方向に動く」ということです。ゴルフスウィングは、上体を前傾した状態で行う複雑な回転運動なのでわかりにくいのですが、アマチュアのスウィングにおいて生じる問題点の多くは、これら3つを全部同じ方向に動かそうとして起こっているケースがとても多いと私は感じています。

プロや上級者の多くは、これらをほとんど無意識に行っているので、このことについて聞いても「そうは思わない」と答える人も多いかもしれません。でも、パーツを分解して見るとよくわかります。

まず腕は、体の正面の中心から外れないように上下に動きます。バックスウィングでは、アドレスの位置から手首のヒンジ（手のひら・甲方向へ折る動き）を行いつつ手元を上へ。ダウンスウィングではヒンジを保ったまま手元を下へ。フォローでもヒンジを保つ意識は持ち続けますが、実際はヘッドの遠心力によって自然にローテーションを行いながら腕は上がっていきます。

肩は、背骨に対する横方向の回転運動です。バックスウィングでは右に回り、ダウンスウィング以降は左に回る。前傾して行われるので誤解されやすいですが、前傾した上半身の軸に対して横回転する動きです。

一方で腰は、意図的に回転せず「自然に動くもの」だと考えてください。胸の向きに対して常にお尻を正反対に向けることによって、バックスウィングでは右腰が後ろに、ダウンスウィングでは左腰が後ろに自然に動きます。この動きは、前傾をキープするために非常に重要なポイントになります。また、股関節を支点に骨盤がスムーズに動き、意識しなくても自然な体重移動を生み出すこともできます。

ゴルフスウィングは、この3つの異なるベクトルの動きをうまく連動させながら行う動作です。その結果、インパクトゾーンではハンドファーストでボールを真横からとらえられ、押し込むようにボールにエネルギーを伝えることができるのです。

3つの
ベクトル

1

腕

腕は体の正面で上下に動く

インパクト後は腕を再び上げていく

体の回転を止めて腕の動作だけを行うと、インパクト後の腕の動きは、単純に真上に上がっていく。これが体の動きと連動すると、直線的なインパクトゾーンを作り出す

CHECK!

バックスウィングでできた手首の角度をキープし続ける

トップからダウンスウィングにかけて腕は真下に下ろし、インパクト後は手元を体の正面にキープしたまま再び上げていきます。ダウンスウィングでは手首はバックスウィングでできたヒンジ（左手首は掌屈、右手首は背屈）をキープしていることが非常に重要。これが体の回転と連動することで、インパクト時にボールを右手のひらで目標方向に真っすぐ押し込むようなイメージが生まれます。

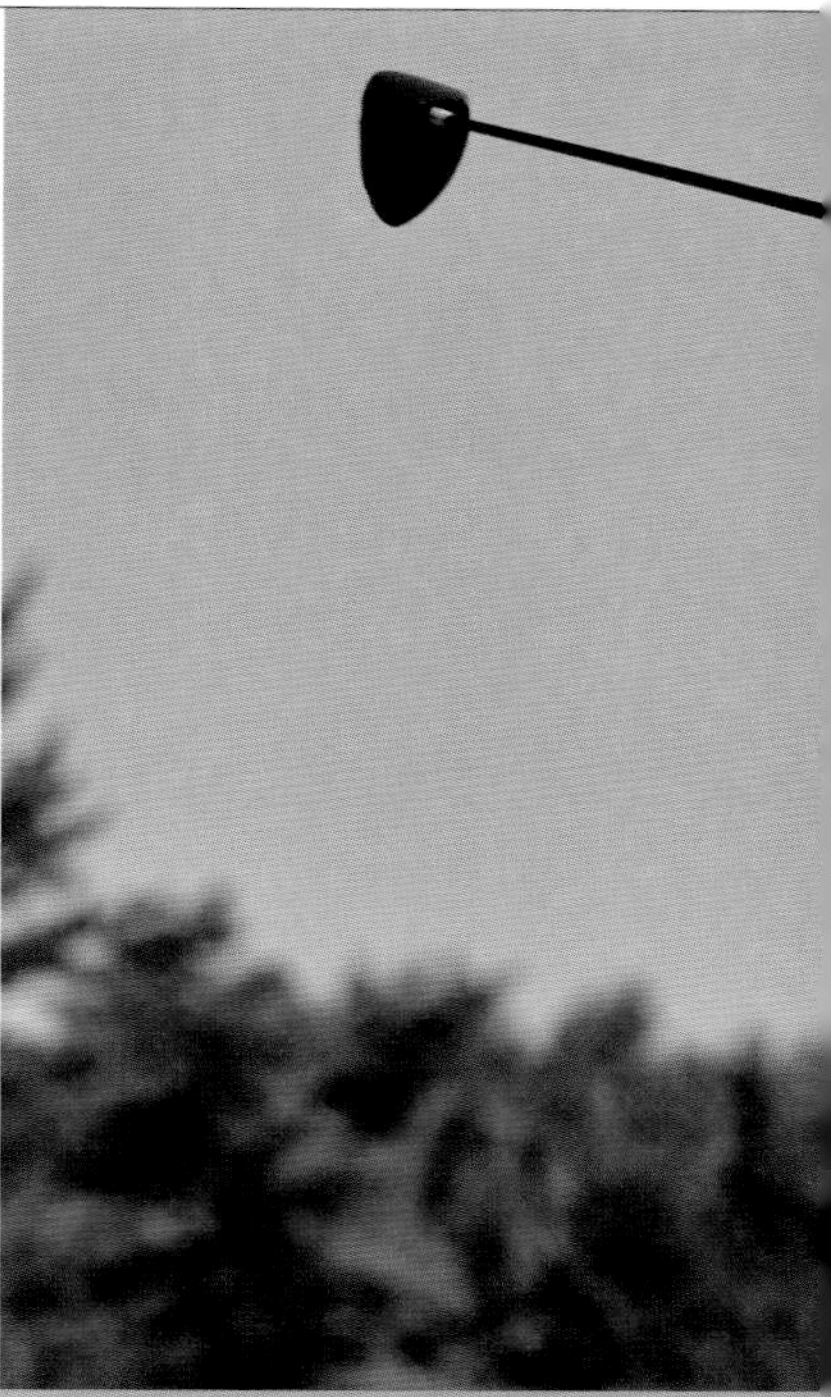

3つのベクトル

2

肩

前傾角度に対して肩は横回転

CHECK!

前傾した背骨に沿って肩を回す

上半身は、肩を横に回転するだけ。背骨の軸に対して、肩が直角に回転するため、前傾せずに行えば単純にその場で右を向いて左を向くだけの動作です。これに前傾が加わると、背骨に対してさらに肩が斜めに動き、体の回転が歪んでしまうケースが多いですが、スウィング軸はあくまで上半身のもの。前傾なりに傾いていることを意識し、それに沿って肩を動かすことが大切です。

軸は上半身だけ意識する

前傾を保ったままダウンスウィングすると、右肩が下がったように見える（写真下）が、実際は横に回転しているだけ。右肩が上からかぶってくるような感覚が正しい感覚

背骨が前傾しているのに、さらに肩を縦や斜めに動かそうとすると、前傾角度が崩れやすく重心位置のバランスなども崩れやすい

3

腰

「意図的」に回転せず 腰は「自然」に動くもの

CHECK!

胸の向きと お尻の向きが 正反対を指すように

ゴルフスウィングにおいて腰は、「自然に動く」ものであり、意図的に回転させるものではありません。常に胸の向きとお尻の向きが正反対を指すようにすると、バックスウィングでは右腰が後ろへ、ダウンスウィングでは左腰が後ろへ自然に動きます。この腰の動きこそが、前傾を保ち、効率のいいスウィングを生み出します。

正しく腰が動けば前傾が保てる

胸と腰の向きが常に正反対の方向を指すように動くことにより、前傾がキープされ、無駄のない効率のいいスウィングが生まれる。肩の回転をサポートする動きでもある

「回す」意識は腰が引ける

腰を回そうとすると、骨盤の位置自体がブレてしまい、スムーズな回転にならない。スウェイしたり腰が引ける人は、回転の意識が強すぎる場合が多い

胸と腰の向きが正反対に向いていないと、前傾が崩れ、スウィング軌道が乱れ、効率のいいインパクトは得られない

Point 5

いいインパクトは独立した「3つのベクトル」が連動している

CHECK!

腕・肩・腰は別々の方向に「同時」に動く

スウィング中は、腕・肩・腰の3つが常に連動しています。3つのベクトルは別々の方向を向いていますが、これらが合成された結果、インパクト前後では手元が目標方向へ直線的に動き、ボールを「押し込む」ようなイメージが生まれます。慣れるまでは、この3つのベクトルがそれぞれ独立していることを強く意識して練習し、徐々に同時に正しく動かせるようにしましょう。

ATTENTION

「下半身先行」
振り遅れ

３つのベクトルは、同じタイミングで動くことが大切。「下半身先行」というイメージから、腰だけを先に動かすと、振り遅れにつながる

「手を振る」意識
スライス

手を左右に振ってスウィングすると、手元が体の正面から外れエネルギーロスにつながる。またフェースが開いてスライスしやすい

腕は上下動

スウィング中、腕は体の正面に保たれたままバックスウィングで上がり、ダウンスウィングで下がる。そしてフォローでまた上がっていく

肩は横回転

肩は背骨に対して横方向に回転する。前傾してスウィングすれば肩は地面に対しては傾いて回ることになるが、縦回転になるわけではない

腰は後ろに動く

バックスウィングでは右腰が後ろへ、ダウンスウィングでは左腰が後ろへ自然に動く。この動きで前傾が保たれる。意図的に腰を回そうとする必要はない

VOICE

タレント・ユージさん

打感は最高、気持ちよく振れる！「究極のスウィング術」を学びました

「魔法をかけられたみたい！　まさにタカシマジック！」

これが高島プロのレッスンを受けたときの、最初の印象です。「みんなのゴルフダイジェスト」の企画で高島プロのレッスンを初めて受けさせてもらったときに、たった1回の

レッスンで、球筋も飛距離も何もかもが一気に変わったんです。「ちょっと良くなる」のではなく、「劇的」に……。

元々飛ばしには自信があり、ドライバーの平均飛距離は３００ヤードくらいありました。でも、どうしてもスライスしたりボールが吹き上がったりしてしまう。その原因を調べるために、レッスン前にショットを計測すると、何とスピン量が３７９０ｒｐｍもあり、球が上がらないように自分なりに工夫して振っていたことが「実は逆効果なんです」と指摘されました。

バックスピンが増えすぎないようにと、高島プロからクラブの上げ方をアドバイスしていただきましたが、実は最初は少し違和感がありました。でも、振ってみるとスピン量は一気に２３７２ｒｐｍまで落ちて、スライス

1987年、アメリカ生まれ。2004年よりファッションモデルとして活動し、現在はタレントや俳優だけでなく、ラジオパーソナリティとしても幅広く活躍している。ゴルフは小学3年のときに母の勧めで始め、数年のブランクを経て20歳のときに再開。ベストスコアは再開するきっかけとなったコンペで出した82。

もしない。結果的に飛距離は20ヤードも伸びたんです。

高島プロと出会うまでの僕のスウィングは、小学生の頃に通っていたキッズレッスンで学んだことがベースになっていました。長年無意識に上げて無意識に下ろしていた「自分なりの形」があったので、それを崩すのは慣れなかったし、考えることが多くて窮屈でした。でも、理論を理解して教わった通りにスウィングすると、ボールが当たる感覚がめちゃくちゃ軽い！ 実際に飛距離も伸びている。同じボールを打っているとは思えないくらいの打感で、「ああ、気持ちいいな」と感じたんです。だったら、このスウィングに慣れるしかない、そう思いました。

スウィングを変えるのは、難しいことかもしれません。体は元のスウィングに戻そうとするので。でも高島プロは、フェースの向きや入射角、フィニッシュの形など、「なぜこうなるのか」という理論をわかりやすい言葉で説明してくれるので、スッと頭に入ってきました。やっと、スウィングの「正しい形」が見つかったので、この形に近づけるように、今は自分のスウィングをスロー動画で撮影しチェックしながら練習しています。

みんなのゴルフダイジェスト

ユージさんの初レッスン
動画はコチラ！

 Photo by Tomoya Nomura

ドラコン大会にも初めて参加しました

実は、高島プロの勧めで、初めてドラコン大会にも出場させていただきました。大会に向けて、技術面だけでなくメンタル面も高島プロにサポートしていただきましたが、残念ながら結果は予選落ち。323ヤードを記録しましたが、1次予選突破まで1ヤード足りませんでした。

でも、レッスンを受けているなかで、ドラコン競技の奥の深さに驚きました。ドラコンのトッププロの話を聞くと、皆、想像以上に理論派です。1ヤードでも遠くに飛ばすために、スウィングを分析するモニターを睨みながら、入射角がどうだとか、フェースが0・1度右を向いているとか、どうしたらもっと効率よく飛ばせるのかを、緻密に計算しています。そのうえでパワーが加わり飛距離に繋がる。スウィングの基本のテクニックがなければ、ドラコンには出られません。

そういう意味でも、ドラコン女王である高島プロのレッスンは、どうしたら効率よく、体に負荷がかからず、気持ちよく飛ばせるのか、その究極のスウィング術を学ぶことができると思っています。初心者はもちろん、上級者の方にとっては自分が無意識にしていた動きの意味が確認でき、気づきが得られるレッスンだと確信しています。

今の目標は、アベレージスコアで80台前半。「70台も出すけど、90はもう叩かないな」と言ってみたいなぁ。僕もこの本を教科書代わりに、高島理論を体に染み込ませようと思っています。

みんなのゴルフダイジェスト

ユージさんの
ドラコン大会初参戦の
動画はコチラ!

第2章

アドレスから
フィニッシュまで

効率のいいスウィングを手に入れる！

効率のいいインパクトを迎えるために、
アドレスからフィニッシュまで
各パートの動きを、さらに詳しく解説します。

アドレス

正しい方向に動きやすい形を作る

前章の最後でも触れたとおり、いいスウィングというのはインパクトから逆算できるものです。言い換えれば、アドレスの段階で問題があれば、インパクトも乱れるのが必然だということ。ですから、アドレスはとても重要で、アドレスさえ完璧にできていれば、あとは余計なことさえしなければ、自然にいいスウィングができ上がるといっても過言ではありません。

では、いいアドレスとはどんなアドレスか。それは、これから始まるスウィングの準備が正しくできていて、正しい方向に動きやすい形になっているアドレスです。

左右の体重配分は、基本的に全番手で左右5対5。グリップする際に右手が下に来るぶん右肩が左肩よりも少し低くなりますが、上体全体を右に傾けないように、地面と水平な腰の上に上体が真っすぐ乗っている形で構えます。前後の体重配分もほぼ5対5ですが、土踏まずの少し前に体重が乗る感覚です。このとき大事なのは上体の前傾。お尻を突き出したり猫背になったりせず、股関節を支点に骨盤から上をしっかり前傾させましょう。この前傾姿勢ができていないと上半身の軸が不安定になり、腰が正しい方

関連動画

みんなのゴルフダイジェスト

飛ばしのグリップ／約3分

向に動かず、スウィング軌道が乱れる原因になります。

そして、腕が肩から真っすぐ下がった位置でグリップします。グリップもインパクトから逆算して形を作ることが大切です。少しハンドファーストに、左手首が掌屈したインパクト時の状態でフェースがスクエアになるようにグリップしましょう。この形をアドレスに戻すと、ほとんどの方がフックグリップになると思います。

フェースを目標に対してスクエアにセットしたら、「インパクトでこの状態に戻ってくる」という強いイメージを持ち、ヘッドの芯がボールを通ってターゲットを指すようにしましょう。このとき私は、ヘッドのソールの一番低い部分が、しっかり接地するように構えています。フェース面側から見ると、スコアラインが必ずしも地面と平行になるとは限りません。

そして、どの番手でもスタンス幅以外の体の構えは同じ。番手によってボールと体の距離やボール位置が変わりますが、これは「クラブなり」に構えれば自然に変わります。私はそれを手首の角度で調節しているだけ。前傾角度や手元の位置、体重配分などはどの番手も同じイメージです。

正しい姿勢

Lesson 1

腕の向きを正しく作り バランス良く立つ

グリップする際に右手が左手よりも下に来るので、自然と右肩が下がった構えになる。胸の中心は地面に垂直なイメージ

CHECK!

バックスウィングへ動き出しやすい自然なポジション

左右の重心バランスは5対5で、下半身も上半身もあくまで地面に垂直。グリップの関係で左肩よりも右肩が少し下がりますが、上体ごと右に傾けないように。腕のポジションは、上腕と前腕は別々に考えるのがポイント。左上腕は内旋、右上腕は外旋した状態で、ひじから下の前腕を回旋させてグリップを作ります。これによって左わきは胸の上に乗るように締まり、右わきは右ひじがわき腹に近づくように締まります。

腕の向きの作り方

左腕は内回しで胸の上に乗せるように、右腕は外回しで右ひじがわき腹にくっつくように軽くテンションをかける。上腕のポジションが決まって自然とわきが締まり、スウィング中の左右の腕の使い方がスムーズになる

左腕は内旋

右腕は外旋

ひざを伸ばした状態から、股関節を斜め上に引き上げるようにして骨盤ごと上半身を前傾させ、ひざは最後に緩める程度。ひざが曲がってお尻が落ちたり猫背にならないように！

フェースの向き

Lesson 2

フェース面はスクエア ライ角なりにソールで構える

CHECK!

ヘッドの重心が ターゲットを指す感覚

アドレス時に、フェースをターゲットに正確に真っすぐ向けることはとても重要。インパクト時にこの向きにきちんと戻ってくるイメージを、アドレスで作っておきましょう。ドライバーはフェース面に丸み（ロールとバルジ）がついていますが、フェース面上のスイートスポット、いわゆる芯がターゲットを真っすぐ指すイメージで構えましょう。

CHECK!

ソールの真ん中よりヒール寄りが接地

スコアラインは水平になるとは限らない

CHECK!

「芯」を目標に向けるイメージ

ソールの真ん中ではなく、リーディングエッジより少し奥の一番下に出っ張っている部分をソールするイメージ。トウ・ヒール方向のラウンドも生かして、クラブのライ角なりに構えることが大事

グリップの作り方

Lesson 3

インパクトから逆算し形を作る

CHECK!

インパクト時にフェースがスクエアになるように握る

インパクトの形を作ってからアドレス状態に戻し、グリップの形を作ります。インパクトでは、少しハンドファーストの状態でロフトが立っていることが重要。その形からアドレスの位置に手元を戻すと、ほとんどの人がフックグリップになるはずです。

Volvik
CHECK!
インパクトの形で握って
CHECK!
アドレスの状態に戻す

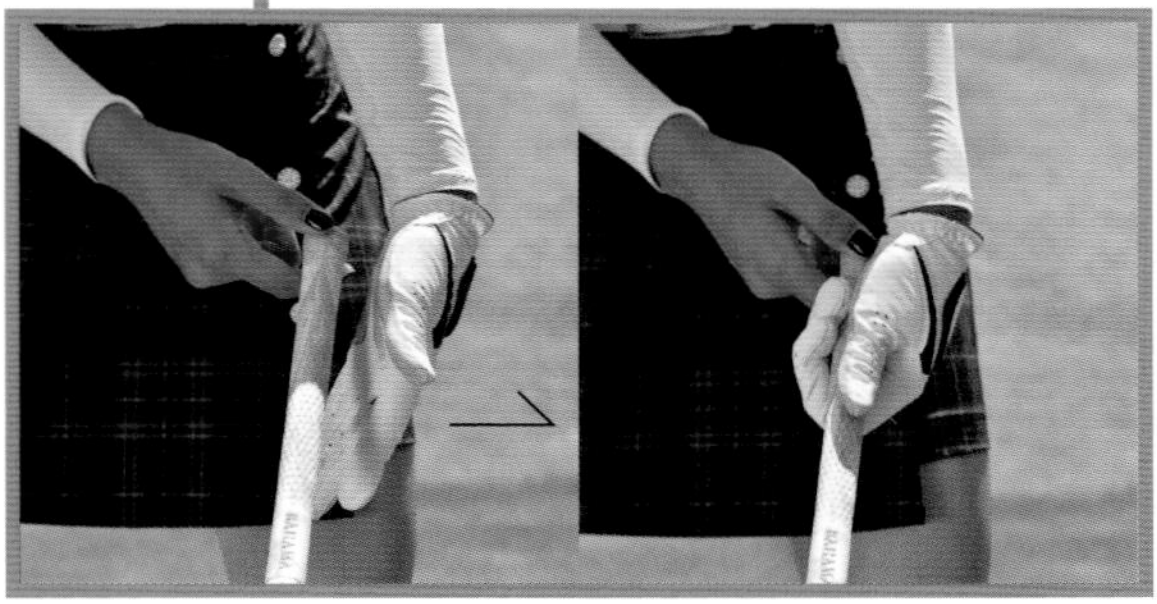

シャフトを少し目標方向に傾け、左手首を掌屈させて手の甲がターゲットを向く状態を作ってからグリップを握る

「フィンガーグリップ」で握ろう

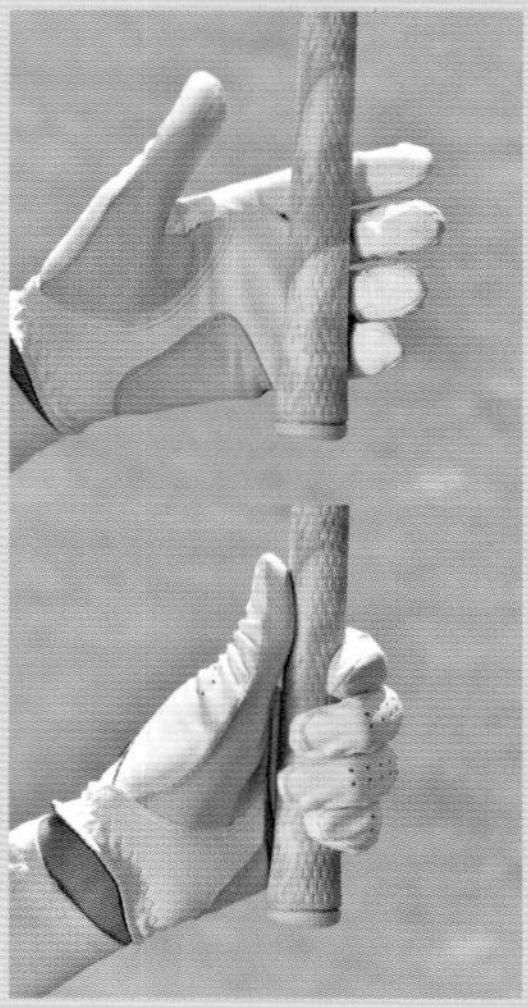

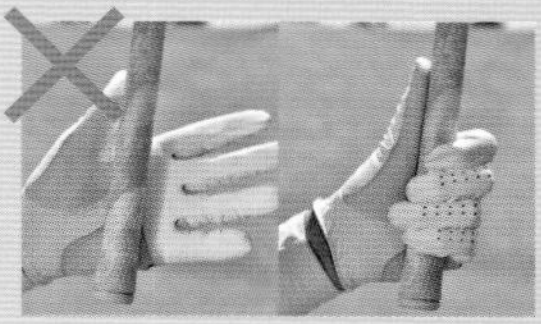

スウィングの大きな遠心力を支えて飛ばすためには、左手の小指側３本の握りがとても重要。そのためには、手のひらをグリップに密着させずに指先に斜めに引っかけるように握るフィンガーグリップがオススメ！

右手は真横から添えるようにグリップする

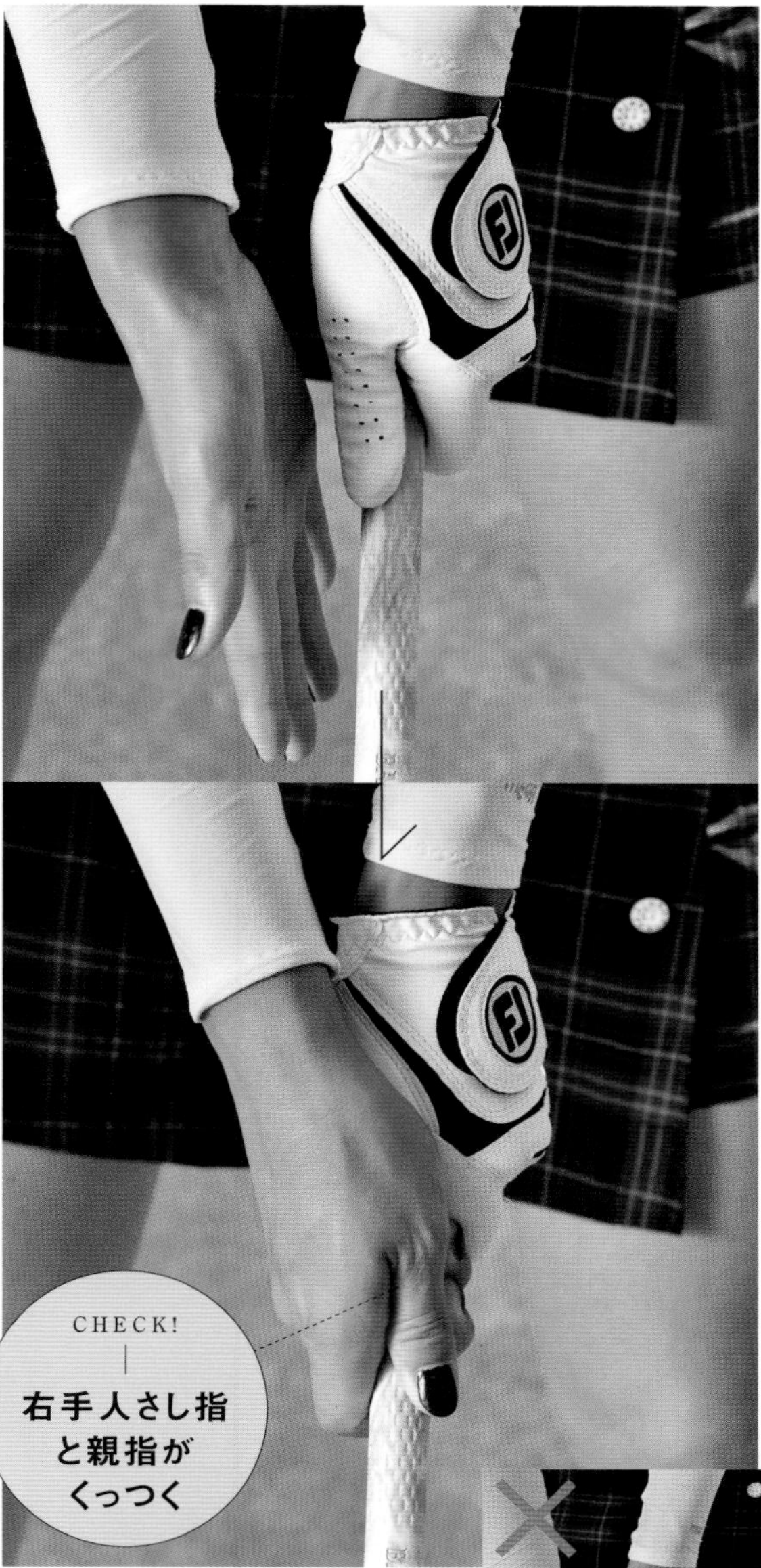

右手は左手のグリップに真横から手のひらを添えるようにセットしてから握る。左手がフックグリップでも、右手はあまり下から握らないように注意

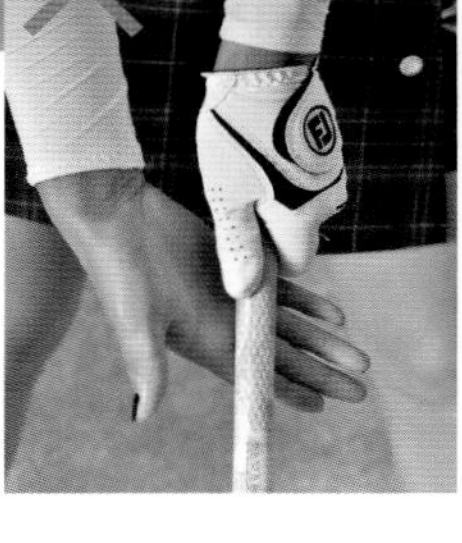

番手によるアドレスの違い

Lesson 4

体はそのまま手首の角度だけ変わる

クラブの「プル角」で
ボール位置は決まる

ゴルフクラブはリーディングエッジに対してシャフトが斜めに刺さっている（プル角）。短い番手ほどプル角が大きいので、手元の位置が同じでもボール位置は右寄りになる

1W

クラブが長いぶん、ボールと体の距離が遠くなり、クラブのライ角もフラットになる。そのぶん手首に角度がつき、少し親指側を持ち上げるような状態になる

7I

クラブが短くなると、ボールと体の距離が近くなり、クラブのライ角はアップライトになる。そのぶん手首の角度は小さくなり、親指を押し下げるような状態になる

CHECK!

長いクラブほど親指が上を向く

アドレス時の体のポジションは、どの番手でも同じですが、クラブの長さやライ角によってボール位置やボールと体の距離は変わります。ポイントは、前傾角や手元の位置は一切変えずに、手首の親指〜小指側の縦方向の角度で調節すること。長いクラブほど親指が上がるように手首に角度がつきます。

バックスウィング 1

左手首を掌屈して手元を押し込んだ状態を作る

私が考えるバックスウィングの動きは、多くのアマチュアの方がイメージするものとは異なるかもしれませんので、少し細かく解説していきたいと思います。

まず大事なのは、手首の動き。バックスウィングで必要なのは「コック」ではなく「ヒンジ」です。

ゴルフのレッスンでは、バックスウィングでの手首の動きを「コック」と説明することが多いですが、私は「アーリーコック」「レートコック」のように広い意味での手首の動きを大雑把に「コック」と表現することはあっても、本当の意味でのコッキングは行いません。

手首のコッキングというのは親指・小指方向の動きを指すものです。バックスウィングで「いいね！」とサムアップするように、手首を折るイメージを持っている方も多いと思いますが、私はこのようなコックは不要だと考えています。

なぜなら、この動作はフェースが開く動きにつながるからです。実際にやってみるとわかりますが、左手首を親指方向にコックしようとすると、同時に手首は甲側にも折れます。つまり、コックを意識すればするほど、フェースが開いてスライスするリスクが高まるのです。

バックスウィングで実際に行われるのは、手首を手のひら・甲方向に折る「ヒンジ」です。とくにバックスウィングでは、左手首を手のひら側に折り（掌屈）右手首を甲側に折る（背屈）、自分から見て右方向へのヒンジングの動作がポイントとなります。

インパクトでは、手元が押し込まれ左手首が掌屈した状態になるべきだということはすでに説明しましたが、バックスウィングでこの手首の状態を作ってしまうのがヒンジングなのです。


アドレスの姿勢から、手元を動かさずにヒンジングの動作（左手首の掌屈と右手首の背屈）だけをやってみてください。フェースが閉じながら、クラブがインサイド方向に上がっていくと思います。

バックスウィングの手首の動きだけ取り出すと、これだけです。スウィングの始動時にいろいろ考え過ぎてしまうと難しくなってしまうので、シンプルに考えましょう。

効率のいいスウィングを手に入れる！　3

バックスウィング　2

腕は真上に右腰は後ろに動く

腕は、体の正面で真上に上げるだけです。厳密には左腕を内旋、右腕を外旋させながら手元を持ち上げるのですが、簡単に言うと、胸の前から頭の上に、シャフトを右に倒しながら手元を真上に持ち上げるだけ。左わきは開き、右わきは締まる感じがしますが、それが正しい動きです。

バックスウィングで腕を正面から右方向に振り上げようとする人が多いですが、それでは手元が体の正面から外れて軌道が乱れますし、ダウンスウィングでまた体の正面に戻してくるのが難しく、インパクトがズレやすくなります。手を左右方向に動かす必要は、まったくありません。

手首や腕の動作と同時に、上体は右方向に回ります。アマチュアの方が腕を右方向に振り上げるイメージを持っているのは、この右への回転動作と腕の動きが混ざってしまっているからかもしれません。

上体の回転は、前傾した背骨の傾きなりに、肩を横回転させる動き。前傾せずに直立して行うと、その場でただ右を向くだけのシンプルな動作です。前傾して行うと向きが狂いやすいですが、胸が右足の横の地面に向くようなイメージで上体を回転させ、頭の位置も自然に右に動くのが正しい

関連動画

みんなのゴルフダイジェスト

クラブの上げ方／約11分

動きです。

この上体の動きと連動して、お尻は胸と正反対の向きを指すようにすると、右腰が後ろに動きます。足の位置は固定されているので、右ひざは少し伸び、左ひざは少し曲がるのが自然です。腰は自然に動くもので、意図的に回転させる必要はありません。腰自体を回そうとすると、動きが乱れて腰が引けるようなスウェイになりやすいからです。

バックスウィングは一見複雑ですが、手首・腕・上体（肩）・下半身（腰）と、それぞれのパーツを分解して見てみれば、それぞれは決して難しい動きではありません。一度個別にチェックして、自分の感覚と実際の動きがどのようになっているかを確認してみてください。

スウィングが暴れるアマチュアの多くは、バックスウィングですでに余計な動きが入っており、ダウンスウィング以降はそれを取り戻すために相殺する動きに終始してしまい、効率が悪く再現性も低いものになっています。当然、飛ばないし球も曲がります。バックスウィング次第で、以降の動きも見違えるように改善されるので、しっかりチェックしましょう。

Lesson 1

理想的なバックスウィング

手首・腕・肩・腰をパーツ別にチェック

CHECK!
左手首が掌屈
CHECK!
右腰が後ろに動く

CHECK!

複雑に見えるがパーツそれぞれの動きは簡単

バックスウィングは、手首のヒンジを行いつつ腕を持ち上げ、それと連動して上体を右に横回転し、その動きに合わせて右腰が後ろに動くという動きです。複雑なように見えますが、実は簡単。各パーツの動きを個別にチェックして、自分の勘違いや感覚と実際の動きのズレなどを確認してみましょう。

CHECK!
右腕は
外旋する
CHECK!
左腕は
内旋する
CHECK!
手首は
ヒンジ

手首の使い方

Lesson 2

コックはせず左手首を掌屈させる

CHECK!

球をつかまえるにはヒンジの動きが必須

バックスウィングでの手首の動きは、親指方向へのコックではなく、左手首を手のひら側に折る動き（掌屈）と右手首を甲側に折る動き（背屈）によるヒンジの動作です。トップを飛球線後方から見ると、左手甲は「山折り」状態。左手首を掌屈する動きは、フェースを閉じる動きなので球がつかまり、シャフトクロス(※1)になりにくく、レイドオフ(※2)気味のコンパクトなトップにもつながります。

※1 シャフトクロス＝トップでシャフトが飛球線と交差する

※2 レイドオフ＝トップでシャフトの向きがターゲットよりも左を向く

フェースは閉じて インサイドに上がる

アドレスの位置から手首のヒンジングだけ行うと、シャフトが飛球線と平行になるくらいインサイドに上がりフェースは閉じる（写真左上）。左手首が背屈してしまうと、クラブはアウトサイドに上がりフェースは開く（写真右上）

左手首が背屈、右手首が掌屈という逆の動きだと、クラブはアウトサイドに上がり、フェースが開いてシャフトクロスのトップになりやすい

ヒンジングだけを行うと クラブはこの位置！

手元や体を一切動かさずにアドレスから手首のヒンジングだけを行うと、フェースが45度くらい下を向き、シャフトは飛球線とほぼ平行でヘッドがやや下がった位置に来る。これがバックスウィングでの手首の正しい動き

腕の動き

Lesson 3

左腕は内旋、右腕は外旋しながら「バンザイ」

CHECK!

手首の角度は保ったまま

CHECK!

わきは大きく開く

CHECK!

手元を体の正面に保ったまま持ち上げる

腕はアドレスの位置から手元を真上に上げるだけ。手首のヒンジが完了した位置を出発点に、手首の角度を保ったまま手元を「バンザイ」するように持ち上げます。このとき、左腕はひじを外に向けるように内旋、右腕はひじを下に向けるように外旋の動きを加えることでクラブが（ヒンジの動きも合わせて）約90度右に倒れます。わきの下の背中側の筋肉が伸び、わきが大きく開くのがポイントです。

左手

右手

左腕は内回し 右腕は外回し

腕を持ち上げるときは、左腕は内旋させ、右腕は外旋させる。手元が右に動いて体の正面から外れないように注意。わきを締めておく必要はなく、特に左わきは大きくガバッと開くのが自然。右ひじは内側に絞りながら上げていくようなイメージ

上半身の動き

Lesson 4

軸に対して肩は横回転 胸を右に向ける

CHECK!

前傾した背骨の向きなりに 胸を右斜め下に向ける感覚

肩は単純な横回転。直立している場合は、背骨を軸に胸を90度右に向けるイメージです。当然、左肩は前に出て、右肩は後ろに下がります。前傾した場合は、前傾した背骨の軸に対して肩が直角に回るのがポイント。軸は下半身には意識せず、あくまで腰から上の前傾した背骨なりの斜めの状態で存在すると考えてください。バックスウィングでは胸が右下を向く感覚があり、正面から見た頭の位置も少し右に動くのが自然な動きです。

胸は右下を向き頭の位置も動く

前傾した背骨に沿って上体を右に向けるので、バックスウィングでは胸は右足横の地面を向くようなイメージ。胸が上に向くと軸が傾いてしまう

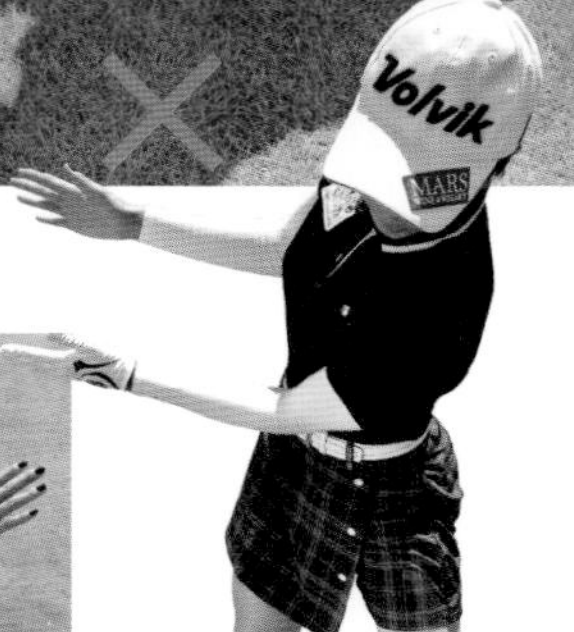

背中が反らないように！

地面に真っすぐな軸をイメージすると、背骨の前傾が崩れて背中が反りやすいので注意しよう

Lesson 5 腰の動き

上半身と連動して右腰が後ろに動く

CHECK!

上体の動きに合わせてお尻を正反対の向きに

ゴルフスウィングにおいて、前傾を保つことはとても重要で、それをサポートするのが腰の動きです。バックスウィングで上体を横回転するときに、お尻を胸の向きと正反対を指すようにすると、前傾をキープしながら右腰が自然に後ろに動きます。この動きにより体重が右に乗り、正しく体重移動ができます。無理に腰を回転させたり、体をねじったりすると、腰が引けたり前傾が崩れ、インパクト時にうまくボールに力を伝えることができなくなります。

右ひざは少し伸び 左ひざは曲がる

右腰が後ろに動くことによって、右ひざは少し伸び、左ひざは内側に少し曲がる。このとき、正しい動きができていれば、右足内側に体重が乗り、左足は母趾球あたりにやや体重が残っている感覚

足裏に感じる体重のかかり方

アドレス時はほぼ左右均等にかかっている体重が、トップでは右足内側、かつかかと寄りに体重がかかっている。左足は母趾球に少し体重が残っている

効率のいいスウィングを手に入れる！ 4

トップオブスウィング

左つま先から左肩まで斜め一直線の形

トップオブスウィングというのは、バックスウィングからダウンスウィングへとスウィングが方向転換する一瞬の出来事なので、「そこで形を作ることに意味はない」という人もいます。動的なスウィングの中の1コマなので、確かにそうとも言えるかもしれません。しかし、トップはスウィングが視覚的に一瞬停止するように見えるので、形をチェックするうえでは大切なポジションです。

スウィングは、インパクトから逆算していくものだと言いましたが、トップの形がおかしいということは、アドレスからバックスウィングのどこかにいいトップを作ることを阻害する要因が入り込んでいることを意味します。ですから、トップの形に問題があるままダウンスウィングに進めば、いいインパクトにたどり着けません。

私が考えるいいトップの形とは、具体的には次の要素を満たした形です。まず、腕は左わきが開いて、左手首が掌屈していること。右手首は背屈し右ひじは下を向いていること。ただし、右わきを締めるように右上腕が体に密着しているわけではありません。

腰の位置は右に流れておらず、右腰がスタンス幅の外にはみ出していないこと。頭の位置はアドレス時より少し右に動いていること。左ひざが少し内側に曲がっていること。上体の前傾角が保たれていること。

これらを満たしたトップは、正面から見たときに左肩が右つま先の内側くらいまで押し込まれ、左つま先から左肩までが斜め一直線になった、向かって左に傾いた三角形のシルエットになっています。

バックスウィングで頭を動かさないようにすると、上半身が回転不足になったり、逆に肩をしっかり回転させようとするとボールが見えにくくなります。それを防ぐためには、上半身を回していくと同時に、アゴが左肩にくっつくように首を左に回します。肩と首は反対方向に動かす意識を持つことで、深く捻転したトップを作ることができます。

トップでは、クラブは背屈した右手の上に乗っているような状態です。指にテンションはかかっていますが、右手でグリップを握り込むような力感は、ダウンスウィングのスムーズな動きを損なうので避けましょう。

理想的なトップの形

Lesson 1

左足から左肩まで斜め一直線

CHECK!

漢字の「入」のような形を目指そう

トップでは、アドレス時よりも頭を含めた上体が右方向に動いているのが自然。正面から見ると左足から左肩までが斜めに一直線になった、漢字の「入」のような形が理想です。スタンスの中心に地面から垂直に伸びる軸を意識したり、頭の位置を動かさないように意識し過ぎると、「Y」の字を逆さにしたようなトップになり、逆体重になったり、背中が反って上半身の軸がゆがむなどの問題が生じるので注意しましょう。

CHECK!
左手は掌屈し
ややレイドオフ
CHECK!
左ひざは
内側に曲がる
CHECK!
右足は
内転筋で踏ん
張っている
前傾して
いない

腰の動きに伴い、トップでは左ひざが内側に曲がるのが自然。体が硬い人は、左かかとを上げてヒールアップし、左ひざを少し内側に送ってもよい

スウィングの軸

Lesson 2

軸は上半身の前傾なりに。頭の位置は動くのが自然

真っすぐな軸を意識すると前傾が崩れる

垂直な軸に沿って回転しようとすると背中が反ったり前傾が崩れて、軸がブレてしまう

CHECK!

スウィングの軸は腰より上 前傾した背骨をイメージ

スウィングの軸は、地面から下半身ー上半身と貫通しているものではなく、あくまで腰から上の上半身のもの。ゴルフスウィングは股関節より上を前傾して行う動作であり、上半身と下半身を同じ軸で語るには無理があるからです。上半身の軸は前傾した背骨をイメージし、その軸に沿って上半身を右に向ければ、正面から見たときに頭の位置はアドレスよりも右に移動するのが自然な形です。

トップでボールは左肩越しに見える

トップでは頭が右に動きつつ左肩があごの付近に来るので、ボールが見えにくくなる。それを嫌がると回転が不足して手打ちになったり、軸が傾く原因になるので注意

クラブの位置

Lesson 3

クラブは背屈した右手の上に乗る

バックスウィングで説明した「腕を持ち上げた位置」（写真左）では、右手はクラブを下から支えている。この形から、体を右に回転したのがトップ

アドレスで右上腕を外旋させ、右ひじを絞り込んだ体に近い位置にセットできていないと、トップで右ひじが下を向かない

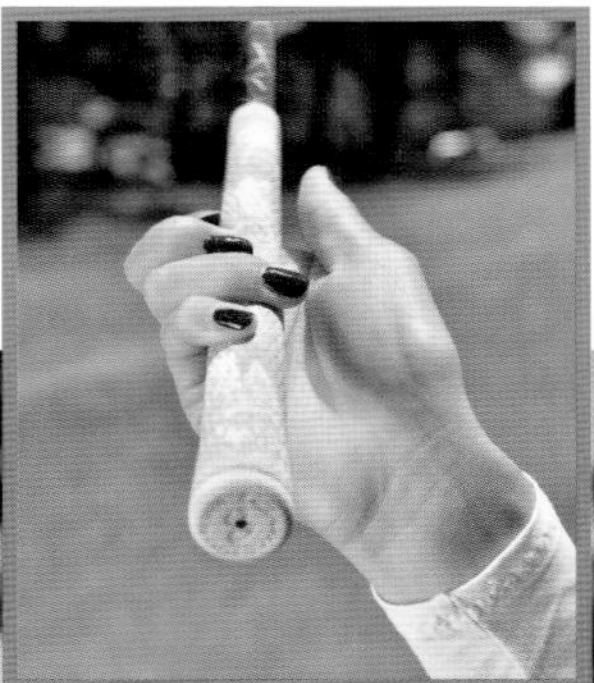

CHECK!

右手の親指に力を入れず 指で引っかける感覚

トップでは、クラブは背屈した右手の上に乗り、人さし指の付け根部分と小指・薬指・中指の３本でグリップを引っかけているような感覚です。この形が作れない人は、アドレス時のグリップの形が悪いか、右上腕を外旋させて右ひじを内側に絞るような位置にセットできていない場合が多い。クラブを支えられていない人は、クラブの重さに対抗するために右手を強く握り込むことになり、ダウンスウィングの動きも悪くなってしまいます。

ダウンスウィング

バックスウィングと逆方向に肩・腰・腕が同時に動く

トップからダウンスウィングに移行する際、私は「切り返し」という部分だけを切り分けて考えることはしていません。切り返しで何か特別な動きをしてからダウンスウィングに移るのではなく、振り子のようにシンプルにスウィングするのが理想だからです。

ただし、ダウンスウィングに関しても最初の動き出しは大切です。最初の動きがズレたりバラつくと、それ以降の動きに大きな狂いが生じ、インパクトまでにその狂いを修正し取り戻すのは困難だからです。

また、切り返しというのはボールを打ちにいく動作のきっかけなので、力みやすいのも事実。特にアマチュアの方は、切り返しで余計な動きをしたり、必要以上に力が入りスウィングを損ねているケースが多いので、ある程度注意すべきパートであることも間違いありません。

そこで本書では、切り返し＝ダウンスウィング初期の動きをあえて取り出し、そこにフォーカスして説明したいと思います。

ダウンスウィングは、感覚的にはバックスウィングの逆戻しのように動きたいのですが、実際は少し異なります。

トップでスウィングを止めるわけではなく、バックスウィングで上がっていったクラブを反対方向に方向転換する瞬間が加わり、インパクトに向けてクラブを加速していく動きでもあるので、バックスウィングの逆方向への完全な再現ではありません。ただし、よく言われる「下半身リード」「ダウンスウィングでのタメ」というものは、意図してやるべきではないとも考えています。（タメについては、第4章で解説します）

切り返しのポイントは、肩・腰・腕の3つのベクトルが、バックスウィングとは逆方向に同時に動き出すことです。

肩を背骨に対して左に横回転させ、お尻は胸の向きとは正反対の方向を指し、左腰は自然に後ろへ。そして手元は真下に下ろします。重要なのはこれらが「同時」であること。バラつきや時間差はスウィングを乱す要因になるからです。

特に、腰＝下半身を先行させようという意識は振り遅れにつながるので、私は不要だと考えています。また、腕を素早く振ろうという意識も、腕が先に動き出して手首がほどけてしまう場合もあるので、注意しましょう。

上半身の動き

Lesson 1

肩は前傾なりに左に横回転

直立して行うとトップで右を向いていた胸を180度反対に向くように横回転させるだけ。前傾しても傾いた背骨に対して肩が横回転することを意識しよう

CHECK!

背骨に対して直角に肩を横回転させる

ダウンスウィングでも、前傾した背骨に対して、肩を横回転させます。直立して行えば、右を向いていた胸を左に向けるだけですが、前傾した際に動きがゆがまないように注意しましょう。実際のスウィングでは、ハンドファーストになるぶん、少しヘッドが遅れてくるので、インパクトでは肩はアドレスと同じ正面に戻るのではなく、少し目標方向に回った左向きになります。

バックスウィングの反対方向の動き

下半身を先行させようとしたり、体の開きを抑えようとする動きは、回転不足や肩の縦回転につながり、振り遅れやダフリなどのミスの原因になる

CHECK!

インパクトでは胸は少し左向き

腰の動き

Lesson 2 上半身の動きと同時に左腰が後ろに動く

CHECK!

バックスウィングと逆方向の動き

切り返しからダウンスウィングでの腰の動きは、バックスウィングの正反対。上体の向きに合わせて、左腰が自然に後ろに動くのが正しい動きです。バックスウィング同様、腰を「回す」という意識は、腰が引けたり、振り遅れや逆体重になりやすいので注意。お尻がいつも胸の向きと正反対の方向を指すように意識しましょう。

腰を回そうとすると、左に体重移動できず腰が引けてしまったり、体の右サイドが前に出るなどの悪い動きにつながりやすい

CHECK!

左腰が後ろに動く

腕の動き

Lesson 3 手首の角度を保ち真下に下ろす

CHECK!

手元は体の正面にキープ

CHECK!

手首の角度をキープしてそのまま下ろす

腕の動きもバックスウィングと反対で、上がっていた手元を真下に下ろすだけ。クラブを持って行うと、シャフトの向きやフェースの向きが変わらずそのまま真下に下がります。体を止めて腕だけ下ろせば、手元は体の正面に保たれているので、あとは体を回転させるだけでインパクトポジションに戻ります。インパクトを過ぎても、手首のヒンジをキープし続けることが大切です。

ダウンスウィングでクラブを立てようとしたり（写真右上）、手首の角度をほどいてリリースしようとする動作（写真左上）は不要。腕とクラブの関係を崩さないようにしよう

手首の角度を保ったまま、体を回転させつつダウンスウィングで腕を下げ、インパクト後にまた上げていけば、自然とボールを押し込むような腕の使い方ができる

切り返しのコツ

Lesson 4

それぞれのパーツが同時に動く

CHECK!
肩を横回転
CHECK!
腕を下げる
CHECK!
左腰が後ろに動く

CHECK!

ズレてしまうとインパクトまでに取り戻すのが難しい

切り返しで重要なのは、前述の3つの動きを同時に行うこと。どこかが早く、もしくは遅れて動くと、インパクトまでにそのズレを取り戻さなければならず、スウィングのバランスを失いタイミングが乱れてしまいます。自分の感覚では「同時」のつもりでも、客観的に見ると意外にズレているもの。特に上半身に無駄な力みがあると、腕や肩が早く動き出してしまう場合が多いので注意しましょう。

腕やクラブを振ろうという意識が強いと、腕が先に動き出し、意図せずに手首がほどけてしまうことも多い（写真左上）。また「下半身リード」を意識すると振り遅れなども起こりやすい（写真右上）

効率のいいスウィングを手に入れる！ 6

フォロースルー

手首をキープし最後まで体を回し続ける

ボールがフェースから離れてしまったあとは、プレーヤーが何かをしようとしても打球に影響を与えることはできません。ですから、ゴルフスウィングで一番大事なのは「インパクト」であり、インパクト以降の形はスウィング全体を確認するためのパートだと考えています。

効率のいいインパクトができれば、それ以降の動きが良くなるはずです。もし打った後の動きが悪ければ、それ以前の動きも悪いということを意味します。スウィングという一連の動きのなかで、インパクトまでは完璧でそれ以降が悪い、ということはあり得ないからです。

ただし、インパクトからフォローにかけて注意してほしいことがあります。それは、バックスウィングで作った手首のヒンジを最後までほどかない意識です。実際には遠心力によって自然にローテーションしていきますが、この意識がないと、インパクトのときに手首のヒンジがほどけてハンドファーストが崩れ、ボール手前をダフったり、インパクトでロフトが増えて、効率よくインパクトができません。

また、フォローでヘッドを走らせていこうとすると、上半身の回転が止

関連動画

みんなのゴルフダイジェスト

インパクトのポイント／約3分

フォローの意識／約13分

まってしまい、中途半端なフィニッシュになってしまうので、インパクト以降もヘッドではなく上半身を回転させ続けることが大切です。その動きによって、大きなフォロースルーとバランスのよいフィニッシュが作れるのです。

インパクトゾーンについて覚えておいてほしいのは、「手元の最下点とヘッドの最下点は異なる」ということです。ハンドファーストで体が回転しながらインパクトを迎えるなかで、手元が一番低い位置にあるのは、実はインパクトより手前の手元が右股関節前にあるとき。クラブがまだ地面と水平くらいにある時点です。この時点でヘッドはまだ腰の辺り。ここから手元は少しずつ上がり始めますが、ヘッドはまだ最下点に向かって降下中で、手元が左股関節前くらいまで来たときに、やっとヘッドはボールの手前で最下点を迎え、そこから先は手元もヘッドも上昇していきます。

この動きは、意識して行うものではなく、これまで説明してきたスウィングの動きをマスターすれば自然にできるもの。飛距離アップの大切なポイントになります。

インパクトゾーン

Lesson 1
手元の最下点は右股関節の前

ハンドファーストでアッパーにインパクト

ドライバーの場合、ヘッド軌道の最下点はボールの手前。手元が先行しインパクトを迎えるが、実際にはシャフトがしなりアッパーにボールをとらえることができる

CHECK!
手元はアッパーでインパクト
CHECK!
ヘッドの最下点はボール手前

CHECK!

手元とヘッドの最下点は異なる

ゴルフスウィングは、インパクト＝最下点というわけではありません。ハンドファーストにインパクトするので、手元はヘッドよりも先行しており、最下点の位置も異なります。手元は右股関節前くらいで最下点を迎え、そこから緩やかに上昇していきますが、ヘッドの最下点は手元が左股関節前くらいに達したとき。ドライバーの場合、ボールの手前でヘッドは最下点を迎え、ハンドファーストのまま、わずかに上昇しながらインパクトを迎えます。

CHECK!
手元はここが最下点
CHECK!
ヘッドは緩やかに下りてくる

インパクト後の動き

Lesson 2

手首のヒンジはほどかず右手で押し込む

右手首の角度を保ったまま、体を回転させ続けることで、右手のひらを押し込むようなイメージが生まれる。これが効率のいいインパクトを生む秘訣

CHECK!

手首のヒンジをキープ

×

ヘッドを走らせようとして手首をほどくと、ひじが引けてダフリや引っかけの原因になる。また、体の回転が止まると手元にブレーキがかかるのでヘッドが手元を追い越してしまう

バックスウィングと同様、体の正面に手元を保ち、手首の角度を崩さずにそのまま持ち上げていくと、体の回転と連動して目標方向に手元を押し込んでいくような動きになる

CHECK!

手元を上げていくことが「押し込む」動きを生む

インパクト後も手首のヒンジはほどかず、右手首を背屈させたまま体を回転させていくことで、インパクトゾーンでしっかりボールを押し込むことができます。「ヘッドを走らせたほうが飛ぶ」と思うかもしれませんが、意識的に行おうとして手首をほどくと、ロフトが増えてインパクト効率が悪くなります。手首のヒンジを保ったまま、インパクト後に再び手元を上げていきましょう。

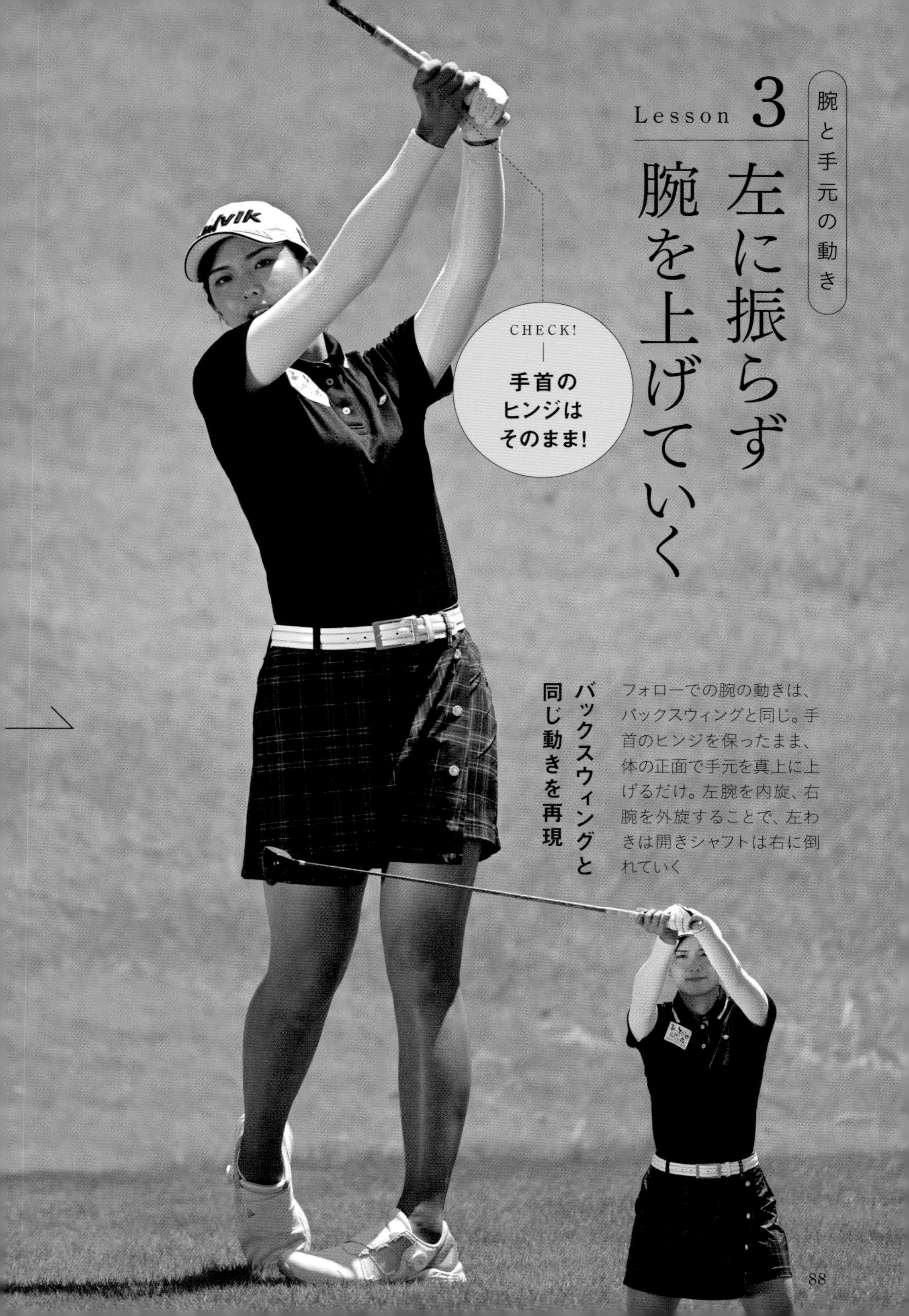

腕と手元の動き

Lesson 3

左に振らず 腕を上げていく

CHECK!

手首のヒンジはそのまま!

バックスウィングと同じ動きを再現

フォローでの腕の動きは、バックスウィングと同じ。手首のヒンジを保ったまま、体の正面で手元を真上に上げるだけ。左腕を内旋、右腕を外旋することで、左わきは開きシャフトは右に倒れていく

CHECK!

手元は体の正面にあるイメージ

CHECK!

手首のヒンジを保ったまま手元を真上に上げるだけ

フォローでは、ダウンスウィングで下げた手元を、バックスウィングと同じように真上に持ち上げていきます。このとき、手首のヒンジはほどかずキープし続ける意識が大切。体が左に回転していくので、ターゲットに対してはインサイドに振っていくようになりますが、手元を体の正面にキープすることで、実際は遠心力が働きオンプレーンに抜けていきます。これだけで自然なフェースローテーションは起こるので、意識的にフェースや腕を返す必要はありません。

×

腕やフェースを返す動きは引っかけの原因になる。体の回転を止めることにもつながる

フィニッシュの形

Lesson 4
左足1本で立ち 手元は高く！

右肩と腰がターゲット方向を向くまでしっかり回転。右足はつま先立ちになっているが体重はかかっておらず、左足の真上に全体重が乗っている状態

正面を向いたままバックスウィング同様に腕を持ち上げて、左耳の横から頭の上を越えたら体を左へ回す。そこが自然なフィニッシュの位置

CHECK!
手元は
左耳の横の
高い位置
CHECK!
腰は目標を
向くまで回転
CHECK!
左足1本で
しっかり立つ

CHECK!

最後まで止まらずに回り切ることが大事

フィニッシュは、ヘッドが先行して体に巻きついてくるものではなく、フォローで上がった手が肩に下りてくるという動きです。それ自体が弾道に影響するわけではありませんが、いいスウィングをしていれば、いいポジションに収まるので、スウィングのバロメーターになります。しっかり回転していれば、右肩が左足のほうまで出てくるので、左足1本でバランスよく立つことができます。

× 手首と手元の形は最後までキープ

手首が早くほどけたり、手元が左に流れると、フィニッシュの手元の位置が低くクラブが体に巻き付くような形になるので注意

Driving Contest

飛ばしの魅力 伝えたい

企画から運営まで手作りのドラコン大会を開催しました!

「ドラコンの魅力をもっと多くの方に体感してほしい!」。以前から抱いていたその思いを形にしたいと、２０２１年夏に初めて私が企画・運営をし、「高島早百合 Presents ドラコン大会」を開催しました。

今までは、競技者として大会に出るだけでしたが、今回はクラウドファンディングを立ち上げ、多くの方からご賛同いただき、ゼロから大会を企画。途中、何度も大会を作る難しさを痛感しましたが、参加いただいた多くの方から、「面白かった」「またドラコンに出てみたい」という声をいただき、規模は小さいですが、内容の濃い、いい大会になったと思っています。

私自身、プロ転向後イップスに悩み、試合で結果が出せなくなったときに救われたのがドラコンで、そのお陰でゴルフという競技の面白さ、奥深さを知ることができました。これからもドラコンを通して、ゴルフの魅力を伝え、多くの方に興味を持っていただけるよう活動をしていきたいと思っています。

ドラコン大会の様子はコチラ!

初めての大会でドキドキでしたが大盛況でうれしい!

Photo by Tomoya Nomura

「さゆーちゅーぶ!」やってます!

レッスンやスペシャルゲストを招いてのプロ対決、女子プロ同士の本音トークなど、ここでしか見られない映像が盛りだくさん!

高島早百合YouTubeチャンネル
アクセスはコチラ!

チャンネル登録してね!

第3章

より速く
安定して振れる

誰でも簡単！飛ばしの筋トレ

体幹を強化し、スウィング中の動きをより良くする
トレーニングを紹介します。
自宅で簡単にできる運動なので、ぜひチャレンジしてみてください！

体の軸を作る

スウィング中の動きをもっとスムーズにする

この章では、私が普段行っている飛ばしのための筋力トレーニングの一部を皆さんに紹介します。

本書の冒頭で「飛ばしは技術だ」と言いましたが、技術が同じなら筋力がある人のほうがクラブを速く振れますし、その際に体も安定させられるので、より飛距離を出しやすくなります。

ただし、これから紹介するトレーニングは、パワーアップしてヘッドスピードを上げるというよりも、スウィング中にいい動きをしやすくするための筋肉にフォーカスしたトレーニングです。そのため、強度は抑えめで動きは地味ですが、確実に効果を得られるもので、自宅で誰でも簡単にできるものばかりです。

鍛えたいポイントは３つです。

１つ目は、腕を動かすための筋肉。バックスウィングでクラブを持ち上げ、ダウンスウィングでそれを引き下げるときに使う筋肉です。実はこの動作では腕の筋力はあまり重要ではありません。むしろ広背筋などの背中の筋肉が重要で、それらの部位を中心に鍛えます。

2つ目は、上半身を回転させるための筋肉。上体の動きは、バックスウィングでは肩を右方向に、ダウンスウィングでは反対に肩を左方向に回転させるイメージですが、この動きは腹筋や背筋を使って行います。ここを強化すると体幹が鍛えられ、スウィングの軸が安定し、よりスピーディに体を回せるなどの効果があります。

3つ目は、下半身の筋肉。お尻やハムストリング（太ももの裏側）などの筋肉を鍛えることによって、上半身の動きに連動してインパクトの瞬間に足を蹴るような動きが生まれ、よりスピードアップが期待でき、スウィング全体にキレが出ます。

今回はそれぞれ2種類ずつ、計6種類のトレーニングを紹介します。毎日でなくて構いませんが、できればある程度の負荷を感じるように自分のペースで行ってください。ギリギリできるかできないか、というところまでチャレンジすると効果が大きいと思います。「楽だな」と感じる方は少し負荷が足りないかもしれませんので、曲げる角度を深くしたり回数を増やすなどして調整しましょう。デスクワークなどで体がなまっている方にとっても、いい運動になりますよ！

腕のトレーニング 1

腕立て伏せで押す力を強化

CHECK!

ダウンスウィングで腕とクラブを押し下げる力を鍛える

「腕立て伏せ」は、ダウンスウィングで腕とクラブを「押し下げる」ときに使う筋肉を鍛えるトレーニングです。自分の体重ぶんの負荷をかけて地面を「押す」ことで肩甲骨の内側（僧帽筋）やわきの下の背中側の筋肉（広背筋）などを鍛えます。腕を曲げるときはゆっくりでもいいですが、腕を伸ばすときは速く押し上げるのがポイント。筋力の弱い人は、無理をしないように、まずはひざをついて行いましょう。

腰が下がらないように注意！

腰が落ちたり、頭の位置がブレて体が波打たないように、つま先から頭までが1枚の板のようなイメージで行おう

Point 1

肩甲骨の内側やわきの下の背中側を意識

腕の力ではなく、肩甲骨の内側や、わきの下から背中にかけての大きな筋肉を使って体を押し上げるイメージ。押し上げるときにできるだけ速く瞬間的に行うと効果的

Point 2

手は肩幅で目線は少し前

手をつく位置は肩のライン辺り。両手を肩幅かやや広めに開き、あまりあごを引き過ぎないように姿勢を保つ。目線は少し前へ

腕のトレーニング2

ベントオーバーローで引き上げる力を強化

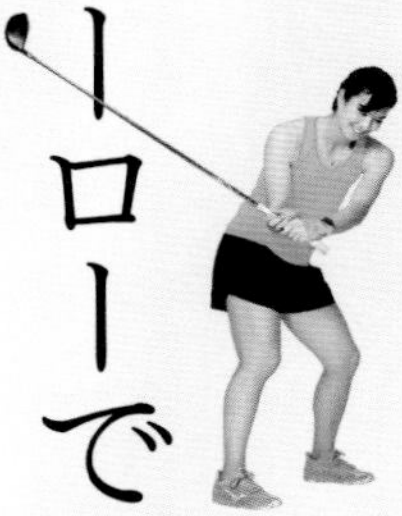

Point 1

肩を動かさずにひじで引っ張る

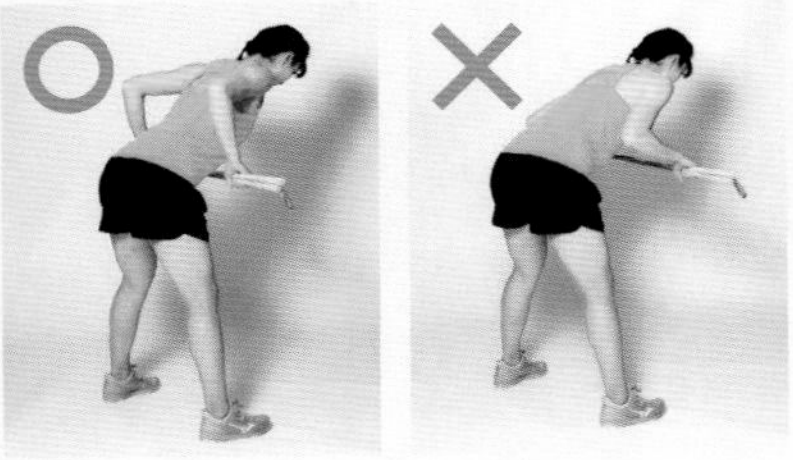

肩の位置は動かさず、肩甲骨を引き寄せるようにしっかりひじを引く。素早く引っ張り、ゆっくり戻す

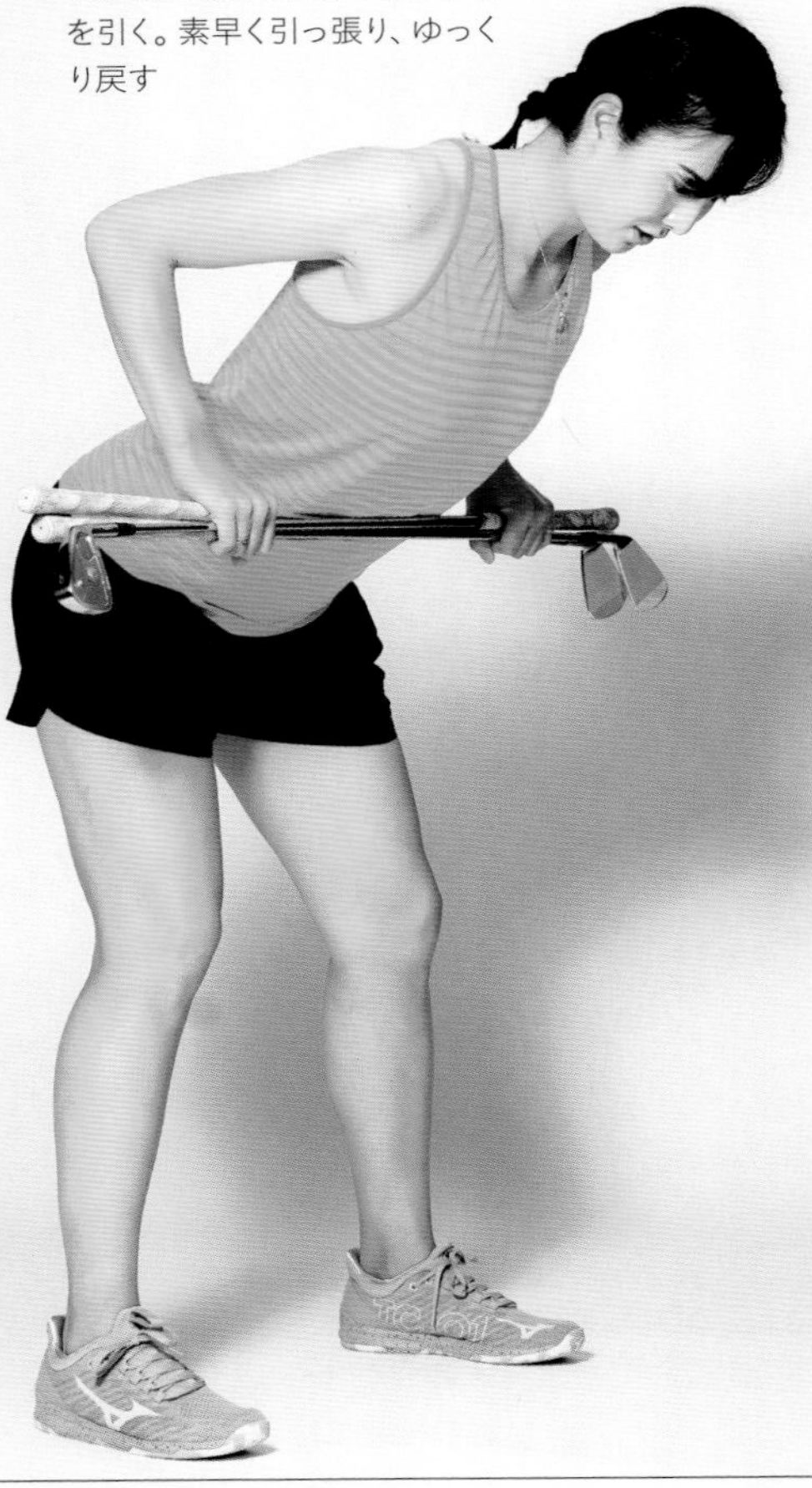

CHECK!

バックスウィングでクラブを引き上げる力を鍛える

「ベントオーバーロー」は、バックスウィングやフォローで腕やクラブを「引き上げる」際に使う筋肉を鍛えるのに有効。クラブを横に数本束ねて両手で持ち、前傾した姿勢で引き上げて、上腕や背中の筋肉を強化します。肩を動かさず、おへそに向かってひじを引くのがポイント。手に持った物の重さで負荷を変えることができます。

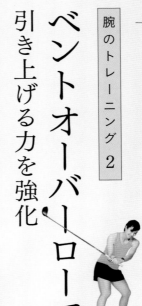

Point 2

トレーニング用のゴムを使えば効果大

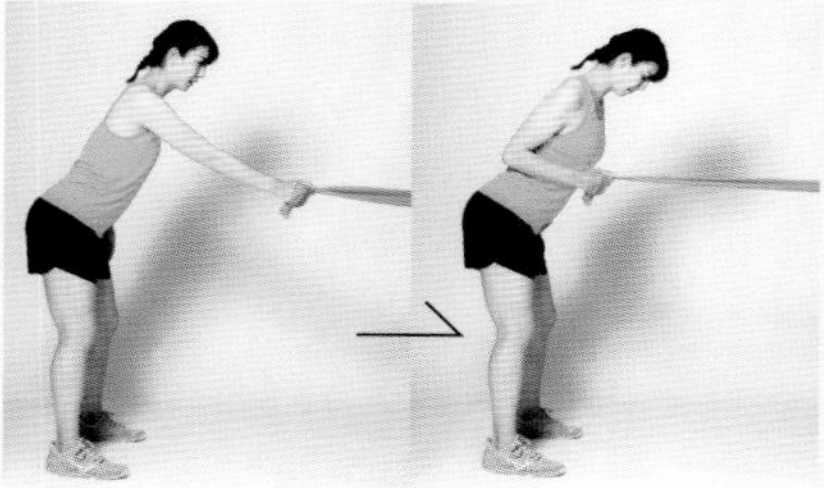

ゴムの長さによって負荷を変えられるゴムバンドを使ったトレーニングも効果的。どこかに固定するか、パートナーに持ってもらい、クラブを持ったときと同じように行う。ただしこの場合は、手元を真っすぐ後ろに引くのがポイント

私は
こういう
ゴムを
使ってます!

上半身のトレーニング1

ツイスト腹筋でブレない上半身を作る

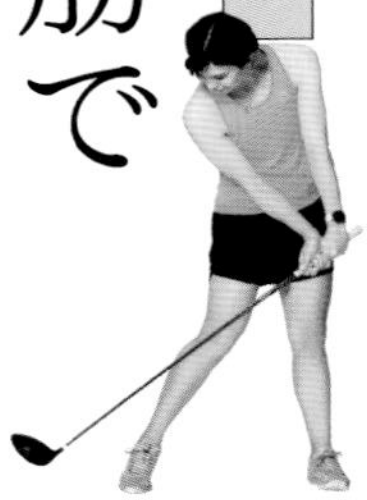

Point 1

ひざは直角、背筋を伸ばす

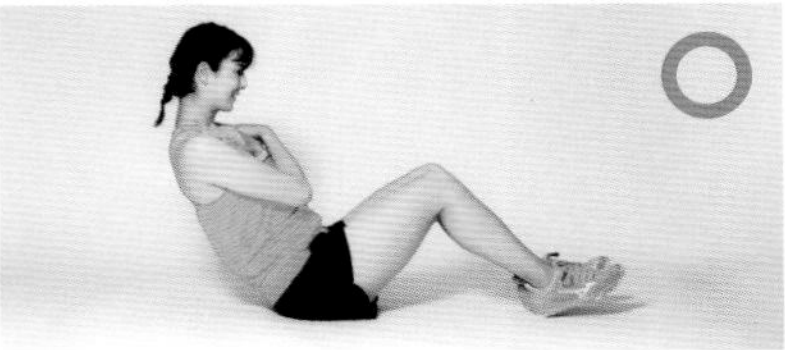

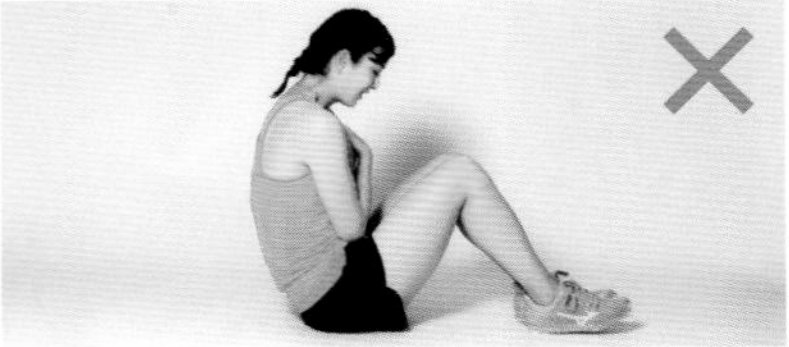

ひざと足のつけ根を直角に曲げ、腰から上は猫背にならないように、背筋を伸ばして行う

Point 2

胸椎より上だけを回す

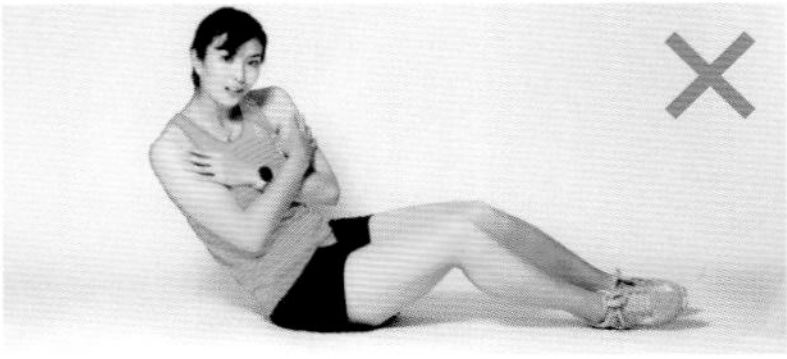

上体をねじる際にお尻が片方浮いたり腰やひざの向きが変わらないように注意

CHECK!

スピーディに回転してもブレない体幹を作る

「ツイスト腹筋」は、スウィング中の上半身の回転力を強化するのに有効です。また、肩を速く回転させても前傾を保つことができるので、スウィングが安定します。仰向けになりひざを曲げて、上体を起こしたポジションから、上体を左右にねじります。ポイントはお尻を動かさずに胸より上だけの向きが変わるようにねじること。その際、左右差を感じる人は、弱いほうを強化し、差が出ないようにしましょう。

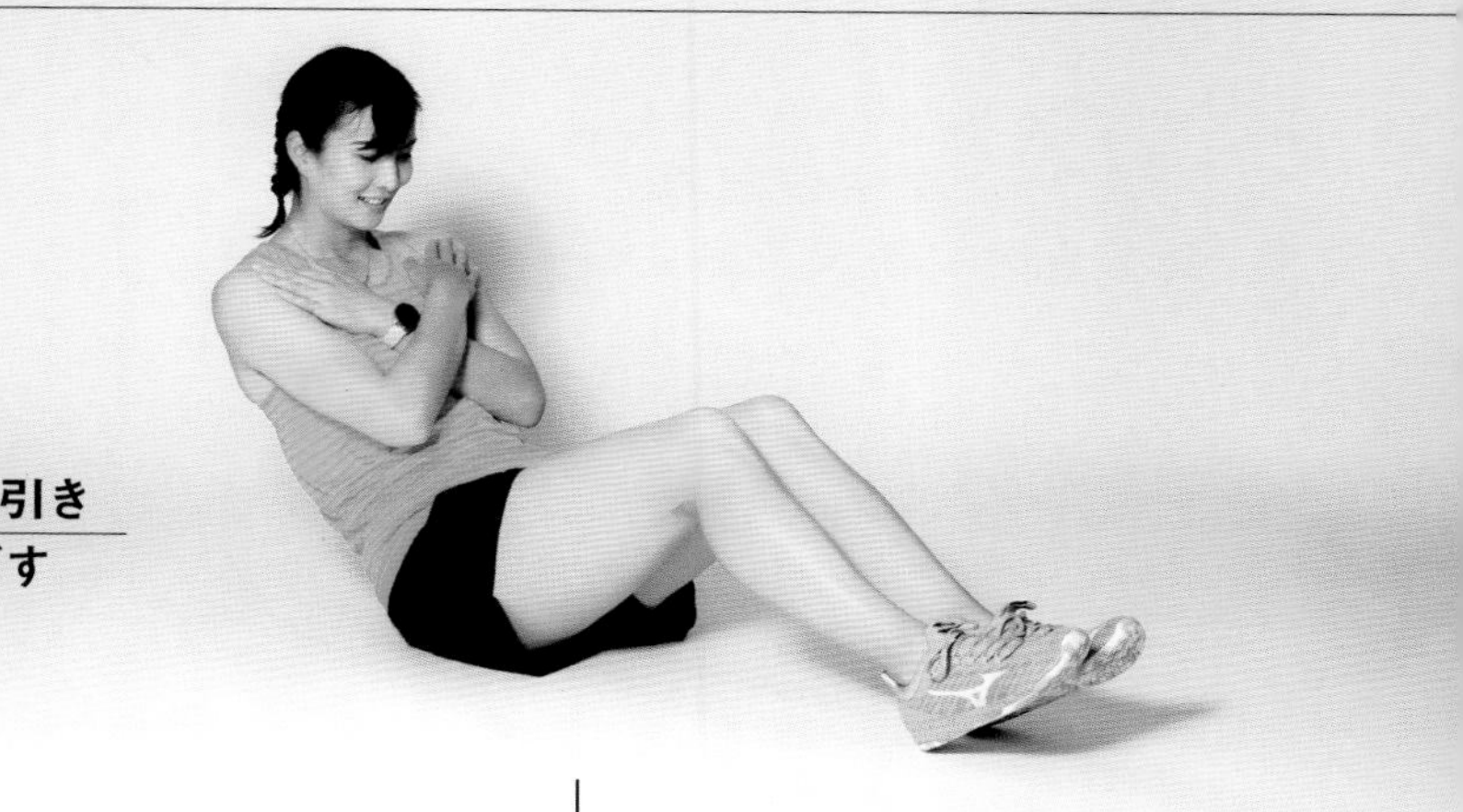

あごはやや引き
背中を伸ばす

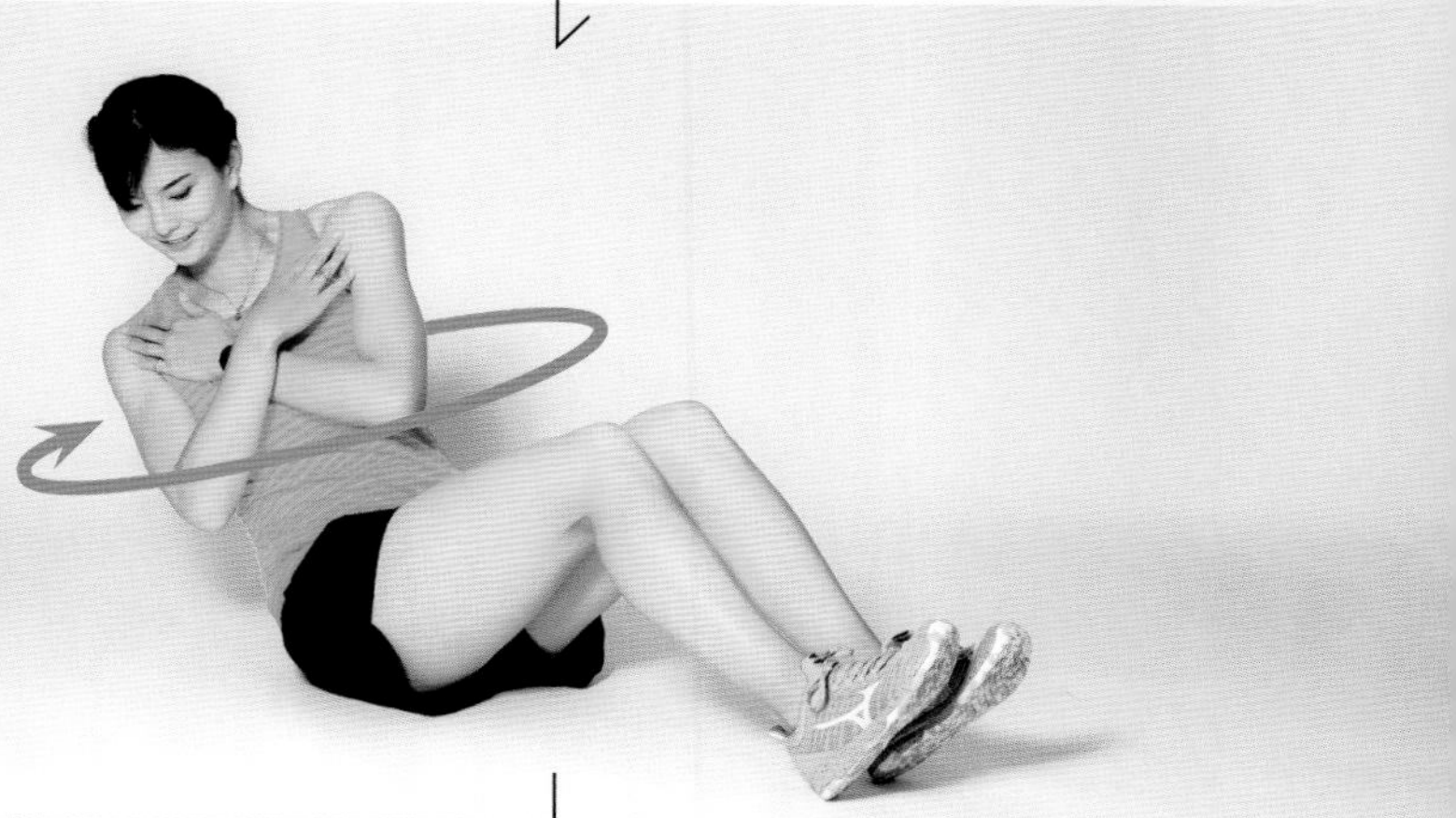

お尻が浮か
ないように!

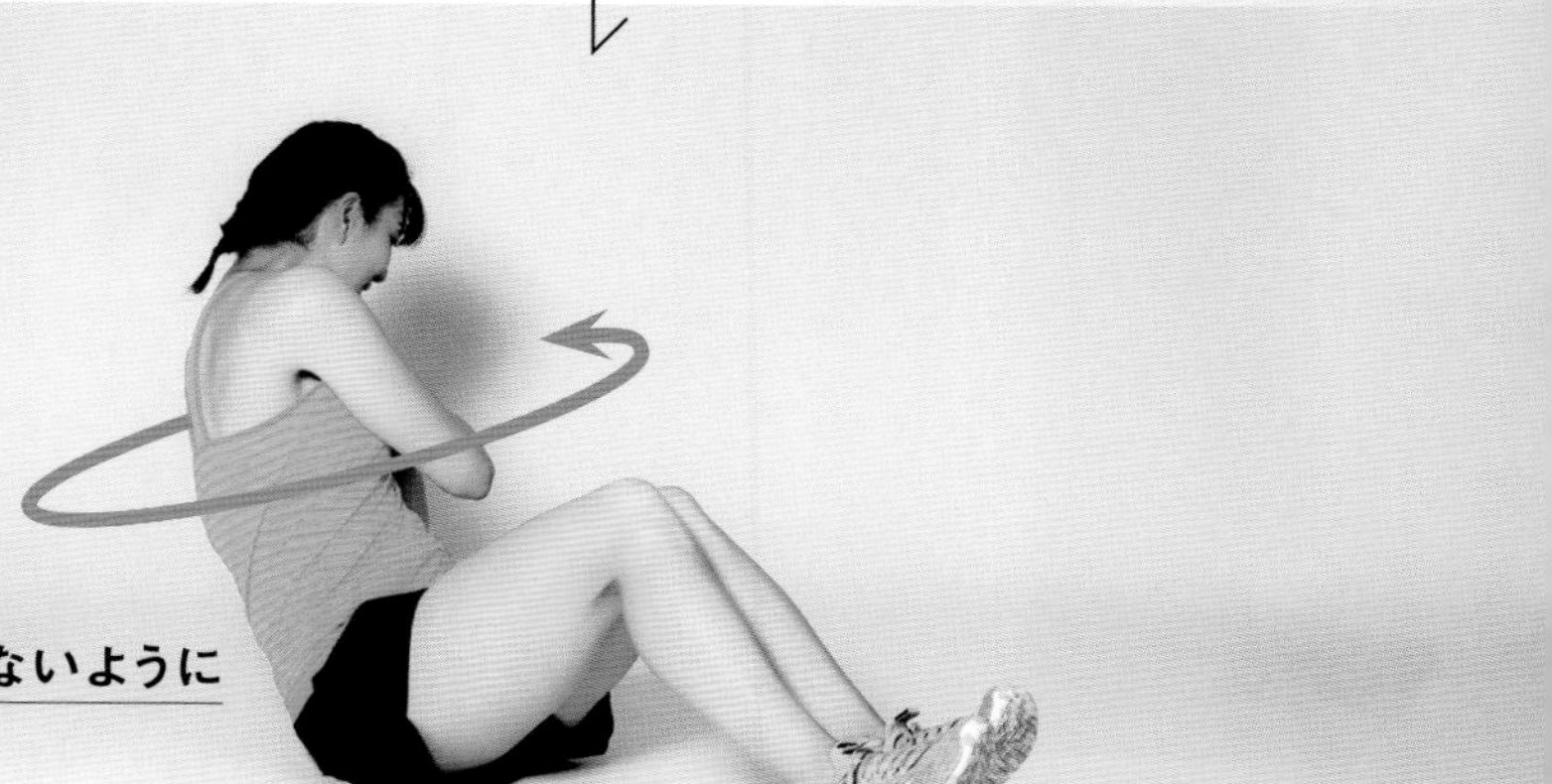

左右差が出ないように
バランス良く

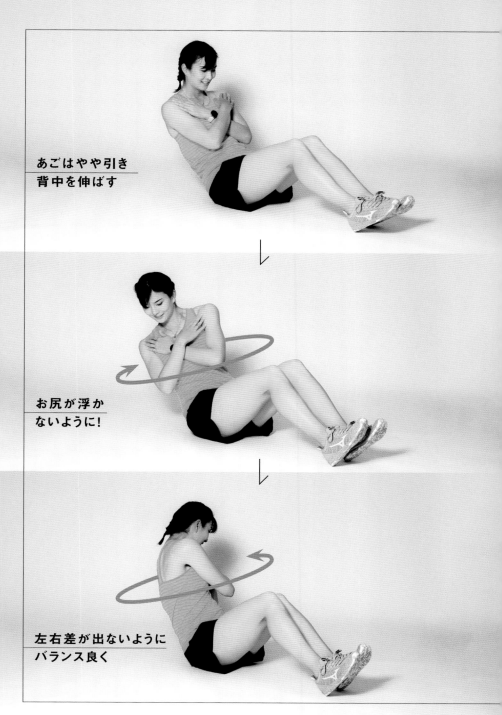

上半身のトレーニング2

グッドモーニングで前傾を保つ背筋を強化

CHECK!

スウィング中の前傾姿勢を保つ筋肉を鍛える

「グッドモーニング」は、スウィング中の前傾姿勢を保つための背筋やお尻、太ももの裏側などの筋肉を鍛えるトレーニングです。真っすぐ立ち、上体が直角になるくらいまで股関節から前傾、再び直立の状態まで引き起こします。上体を板のように保って行いましょう。

負荷をかけるときは、重いリュックサックを背負って!

Point 1

スタンスは肩幅か、やや広め

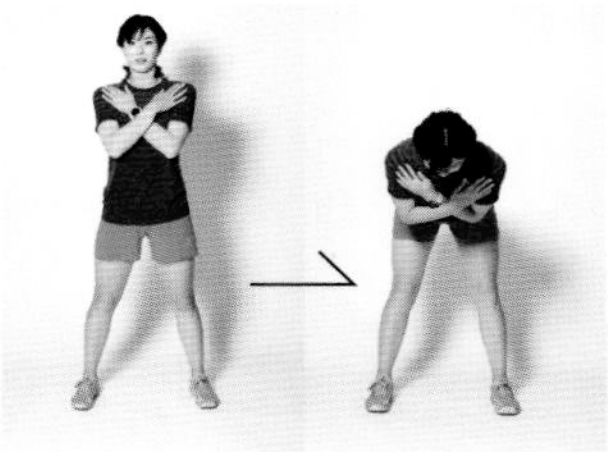

スタンスは肩幅かそれより若干広いくらい。前傾は最低でもアドレスより深く、できれば上体が床と平行になるくらいなるまで倒す

Point 2

姿勢よく背筋を伸ばして

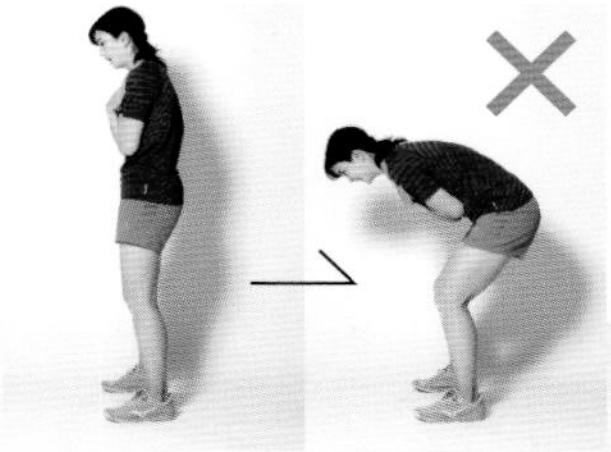

股関節を支点に骨盤ごと前傾させる。猫背になったりお尻が落ちたりしないように、姿勢良く背筋を伸ばして行おう

下半身のトレーニング1

スクワットで スウィングの土台を作る

CHECK!

スウィングの馬力をアップ!

「スクワット」は、下半身全体の強化が期待できるトレーニングです。太ももやお尻の筋肉を鍛えることにより、上半身の回転にさらに強い力を加えることができます。お尻を後ろに突き出し、股関節・ひざをしっかり曲げるのがポイント。スタンスの幅を広げたり、リュックサックなどを背負って行うと負荷が調整できます。

猫背にならないように!

Point 1

お尻を後ろに突き出し股関節を曲げる

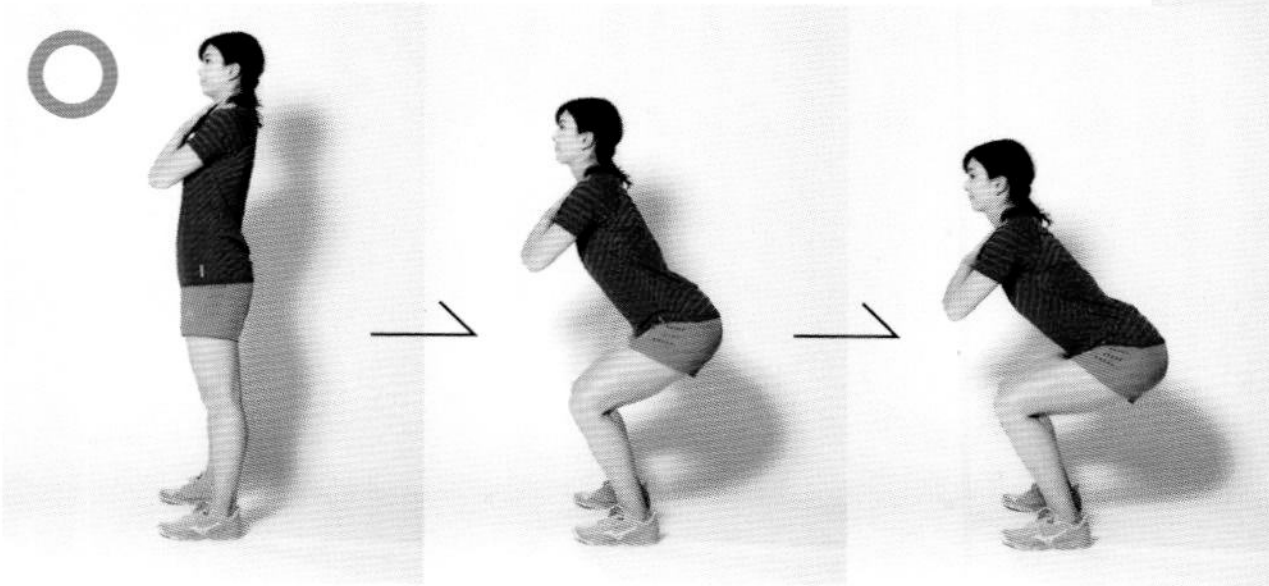

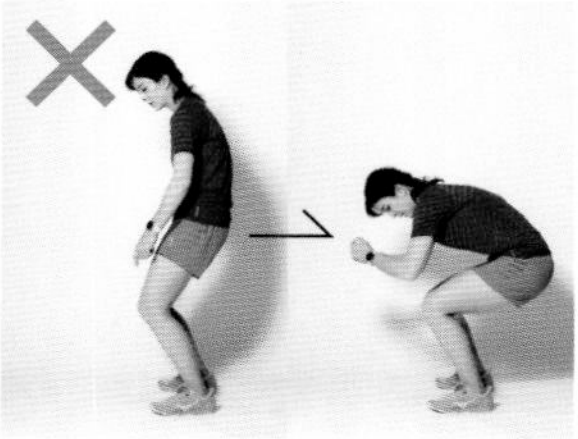

ひざがつま先よりも前に出ないように、お尻を後ろに突き出しつつ股関節を折り曲げる。猫背になったり、顔が下を向かないように注意

Point 2

スタンス幅を変えたり
リュックを背負ってアレンジ

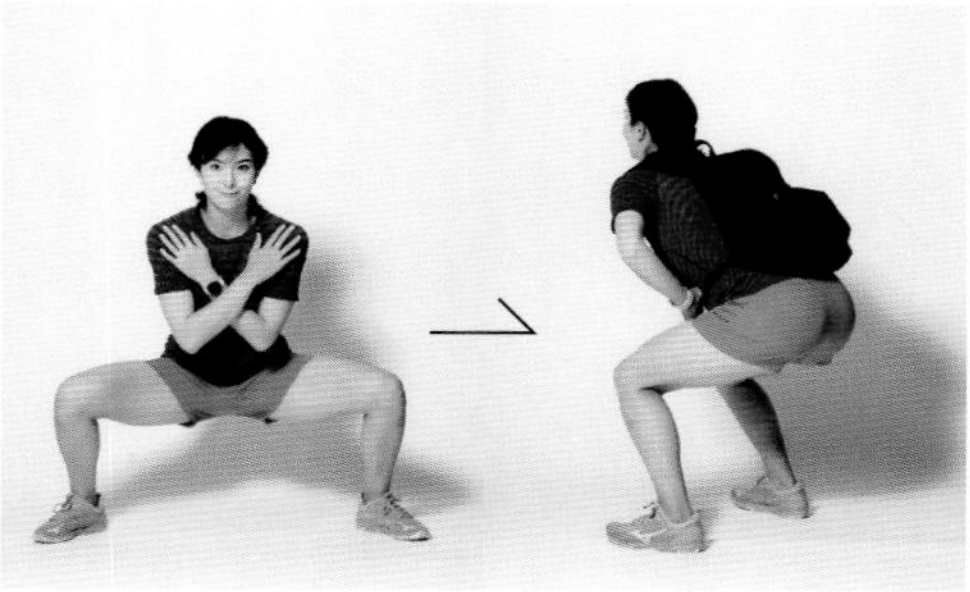

負荷が足りない人は、スタンス幅を広げたり、重いリュックサックを背負ってスクワットを行うとさらに効果的！

下半身のトレーニング2

サイドランジで股関節周りを強化

CHECK!

股関節の動きをより良くする

「サイドランジ」は、下半身の強化と股関節の可動域を広げる効果があります。つま先を正面に向け、足を広げて立った状態から、片足を伸ばしお尻を後ろに引き、もう片方のひざを曲げながら、曲げたほうの足の上にしゃがみ込み、立ち上がる運動。これを左右両方行います。胸を正面に向けたまま、お尻を引くように股関節を深く引き込むのがポイントです。

Point 1

上半身はねじらず正面を向いたまま

上体がねじれたり胸が下を向かないよう、胸と顔は常に正面に。ひざが外を向かないように注意

Point 2

猫背にならずに股関節を深く引き込む

ひざを曲げた時は、かかと側に少し体重がかかる。股関節を深く引き込むようなイメージで！

GEAR

使用クラブの紹介

ドライバーはラウンド用とドラコン用の2本を使い分けています

ドラコン選手にとって、クラブはとても大事なギアです。どんなに速いスウィングができても、クラブが自分に合っていなければ300ヤードを超えるようなビッグドライブは出せません。私の場合、ドラコン用は飛距離に有利なシャフトの長いドライバーを使っていますが、普段のラウンドでは長いクラブは扱いづらいので、ドラコン用と通常用の2本を使い分けています。

ヘッドは、エミリッドバハマの「CV8」を使っています。最近のクラブはシャフトを自由に替えられるスリーブが付いていますが、これには付いておらずヘッド重量が軽くて振りやすいので、2本とも同じヘッドを使っています。

ドラコン用のロフトは9度ですが、ロフトの立ったものを選んでいるので、実測すると8度台だと思います。シャフトはフジクラの「プラチナムスピーダー」の4X。長さは48インチでルール上限まで長くしていますが、そのぶん軽めのものを使い、暴れ過ぎないようにフレックスはXと硬くしています。

通常ラウンド用は、ロフトは9・5度。シャフトはグランプリの「Vajule（バジュール）」で重さは60グラム台。フレックスはSを使っています。短くなるぶん、重め・軟らかめのシャフトにしています。

ドライバーは顔を大事にしていて、構えたときにピタッとスクエアにセットできるものが好き。皆さんも、自分に合ったドライバーをぜひ見つけてください！

ラウンド用

ドラコン用

ドラコン用は48インチでロフトは9度弱
通常ラウンド用は46インチでロフト9.5度

第4章

もっとラクに振れる！
もっとスコアが上がる！

飛距離アップのエッセンス

クラブ選びや弾道など、
知っておくと役立つ飛距離アップのコツを紹介します。

飛距離アップのエッセンス 1

スウィングの基本技術をさらに磨く

スウィングの精度を保ち回転スピードを上げる

第2章で説明したスウィングの一連の流れを理解し、しっかりできていれば、アマチュアのほぼ全員が飛距離アップできると私は思っています。しかし、レッスンを受けてくださった方をはじめ、多くの方から「もっと飛ばしのコツを教えて！」という声をたくさんいただくのも事実です。確かに、「いいスウィングさえできれば飛ぶ」と言われても、少し釈然としないですよね。そこで本章では、飛距離を伸ばすための「エッセンス」を取り上げて説明しようと思います。

とはいえ実際のところ、ここまで説明してきたスウィングを身につけたうえで、さらに飛距離を伸ばしたいということになると、「スウィング全体のスピードを上げる」という非常にシンプルな結論しかありません。同じことを、よりスピーディに行うことが飛ばしの神髄だからです。

そのために一番重要なのは、スウィングの動作をより正しく高精度で身につけること。余計な動きや悪い動きが入った状態でスピードアップしても、ミスヒットしたり、球が曲がる原因になります。速く振るためにはスウィングの技術を磨く、これに尽きます。

冒頭で「飛ばしは技術」だと言いましたが、それはスウィングの技術が高いほど、強振しても効率を落とさず芯でボールをとらえられるから。残念ながら、飛ばすための特別な技術というものは存在しません。

ですから私には、基本的にドラコン用に特化したスウィングはありません。ドラコンの場合は６球中１球が規定の幅内に飛べばいいので、ラウンドでのドライバーショットよりも体の回転スピードを上げ、精度を犠牲にしてスウィングしています。スウィングの技術が低いと、一定以上スピードを上げたらしっかり当たらなくなり、球を大きく曲げたり、芯を外して飛距離が落ちることになります。

技術に加えて、スピードアップのもう一つの原動力となるのが筋力です。筋力があるほうが単純にクラブを速く振れるということもありますが、筋力があればスピードを上げてスウィングしても体がブレないので、リミッターを高く設定できます。筋力トレーニングはスウィング時に「速く振っても体がブレない」「スムーズに体を動かす」ためのもの。前章でお伝えしたとおり、これが技術と筋力の関係です。

飛距離アップのエッセンス　2

飛ばしのコツ
クラブ選びと弾道

飛ばすための特別な技術はありませんが、より効率的に飛ばすために有効なことはあります。

その一つがクラブです。どんなにいいスウィングをしても、クラブが自分のスウィングに合っていないと最大飛距離を出すことはできません。飛距離は、ボール初速、打ち出し角、バックスピン量が適正になったときに最大になるので、自分のスウィングで最高の結果が出せる重さ、長さ、ロフト、重心などを備えたクラブを選ぶことがとても重要です。

また、自分がどんなボールを打っているのかをチェックすることも大切です。飛距離が出ない原因の多くは、ボールが曲がってしまうから。インパクト時にフェースが開いて当たっていると、サイドスピン量が増え、スライスやフックのボールが出やすくなります。対して、効率のいいスウィングができていれば、インパクトで力をしっかりボールに伝えられるので、「ドロー」「フェード」といわれるスピン量が少なく曲がり幅が小さい「飛ぶ弾道」を打つことができます。よく「ドローのほうが飛ぶ」といわれますが、ドローもフェードもインパクト効率がいいので、飛距離は出ます。ただし、バックスピン量が少ないドローのほうがやや有利。フェードは、どちらかというとコントロール性が高いショットといえます。

飛ばしのコツとして、体重移動やタメについてもアマチュアの方からよく質問されますが、これまで説明したとおり、両者ともに意識的に行う必要はありません。これらは、いいスウィングをした結果、自然に生じるもので、意識して行うとスウィングを損なうリスクがあります。

特にタメは、客観的に見えているものと実際に起こっていることがまったく異なるもの。ダウンスウィングで腕を下げる動きを正面から見たときに、タメが生じているように見えるだけなのです。

私なりの飛ばしのコツを強いて挙げるとすれば、それは「インパクトで右手を押し込む感覚」です。腕の力で押し込むのではなく、右腕が体と同調し、しっかり体が回り、体の回転のエネルギーを右手のひら＝フェース面を通してボールに伝える感覚。もし皆さんもこの感覚を体感できたら、ドラコンに出られるような飛距離を手に入れられるはずですよ。

Point 1

自分のスウィングに合うクラブを見つける

打ち出し角やバックスピン量は、ロフトやヘッドの重心位置で決まる。いいスウィングをしたときに、それらが最適になるクラブを見つけることも、飛ばしの重要なポイント

打ち出し角とスピン量が適正になるクラブを探す

CHECK!

「飛ぶクラブ」より「自分に合ったクラブ」

一定のヘッドスピードで最大飛距離を出すためには、初速を最大にし、打ち出し角とバックスピン量を適正にする必要があります。そのためには、「飛ぶ」と評判のクラブを選ぶのではなく、自分のスウィングで打ち出し角とバックスピン量が適正になる「自分に合ったクラブ」を選ぶことが大切です。クラブを選ぶ際は、弾道計測器などで打球データを取って確認することができるフィッティングを受けることをおすすめします。

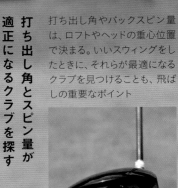

シャフトまで含めた全体のバランスも大事

クラブの重さやシャフトの特徴なども重要。同じように振れればクラブが長いほうがヘッドスピードは上がりやすいので、ドラコンでは長尺が一般的

Point 2

飛ばしにはフェードよりもドローボールがやや有利

目標に対して右方向に打ち出し、左回りで目標方向に戻るドローは、バックスピン量が少なく飛ばしにやや有利

CHECK!

ロフトが立ってインパクト

目標に対して左方向に打ち出し、右回りで目標方向に戻るフェードは、ドローよりもコントロール性が高い

Draw —> 手がやや遅れて下りる＋トウダウンがある

Fade —> 手がやや早めに下りる＋手元が低めでインパクトする

Point 3

体重移動は意識しない

肩を回し、腰が動くと、体重移動を意識しなくてもトップでは右、ダウンスウィング以降では左に自然に体重が乗る

CHECK!

突っ込みの原因

外から見える動きが意図的とは限らない

切り返しでは、思い切り体重移動しているように見えるが、その場で腕を下ろし、肩を回し、左腰が後ろに動いているだけの感覚

CHECK!

スウェイしやすい

CHECK!

体重移動は回転の結果自然に生じる

スウィング中は、トップで右に乗り、ダウンスウィング以降は左に乗っているので、体重移動は自然に「起こる」もの。意図的に行おうとすると、スウェイして左右へのスライドが大きくなり、回転不足や振り遅れの原因になるだけでなく、ダウンスウィングで上体ごと左に突っ込んでスライスやテンプラを引き起こしやすくなります。

Point 4

タメを作ろうとしない

CHECK!

「タメ」は自然にできる

CHECK!

腕を下ろす動作が正面からはタメに見える

切り返し直後は、左腕とクラブの角度が深まって「タメ」ができているように見えますが、実際は切り返しで手首の角度を保ったまま腕を真下に下ろす動作が、正面から見たときに腕とクラブの角度が深くなったように見えているだけ。タメは飛ばし屋ほど顕著なので、飛ばしに重要なポイントだと思われがちですが、意図的に作ると、力みの原因となり、軌道を乱してしまうので注意しましょう。

この動作が「タメ」の正体

Point 5

飛ばしの決め手は「押す」感覚！

CHECK!

分厚いインパクトで
ボールに力を伝える!

スウィングの力をボールに効率よく伝えるための「右手の押し込み」は、飛距離アップの大事なポイントです。ただし、腕の力で押し込むのではなく、右ひじが体に密着して同調し、肩を回し腰が動くことによって、右肩ごと押し込むような感覚です。手首のヒンジを保ち、体の回転を止めずにインパクト後に腕を上げていく動きが、結果的に右手のひらでボールを押し込むようなイメージを生みます。

CHECK!
肩の回転が不可欠
CHECK!
右ひじが体と同調
CHECK!
下半身も自然に動く

CHECK!

肩でボールを押し込む感覚

手首の角度を保ち続ける

手首の角度を保ったままダウンスウィングでは腕を下げ、インパクト以降は上げていく。右手のひらの小指側あたりでボールを押し込むような感覚

みんなのゴルフダイジェスト
Presents

ゴルフの基本が学べる!

初心者のためのレッスン動画集

高島プロが教える、初心者向けのレッスン動画をご紹介。
グリップの握り方からパッティングまで、基本が身につくレッスンが盛りだくさん!
QRコードを読み込み、YouTubeの動画をぜひご覧ください。

Lesson 1

約 6 分

ヘッドが走る
ゴルフクラブの握り方

Lesson 2

約 7 分

アドレスの基本
〈アイアン編〉

Lesson 3

約 6 分

アドレスの基本
〈ドライバー編〉

Lesson 4

約 5 分

正しいバックスウィング
スウィング始動のコツ

Lesson 5

約 3 分

フォロースルーを意識
ダウンスウィングのコツ

Lesson 6

約 5 分

ゴルフ練習法は
これがオススメ！
2つの練習ドリル

Lesson 7

約 6 分

グリップから打ち方まで
パッティングの基本

WEBメディア「みんなのゴルフダイジェスト」

「みんなのゴルフダイジェスト」は、ゴルフダイジェスト社が運営するゴルフ専門のWEBメディアです。ツアーの旬な話題はもちろん、ゴルフのスウィング論、ゴルフギア情報、上達に役立つレッスンなど多彩な記事を毎日配信しています。

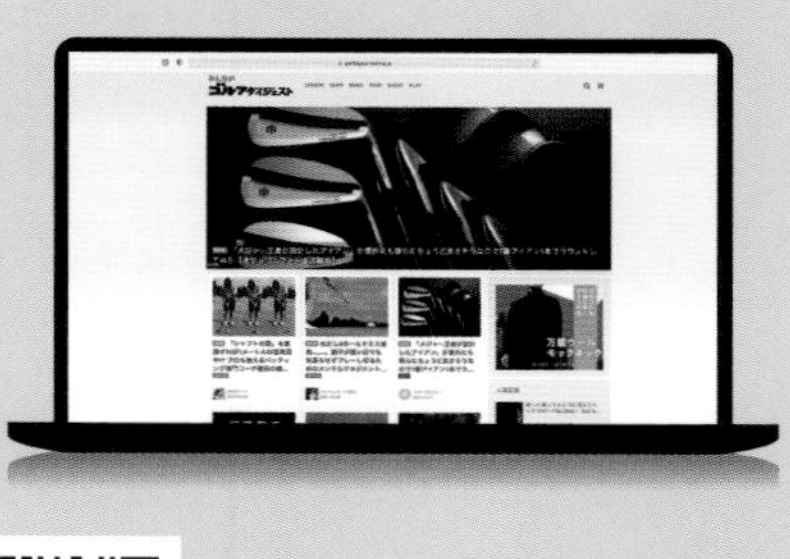

アクセスはコチラ→ www.golfdigest-minna.jp/

おわりに

皆さんは、ドライバーショットが他の人よりも飛ぶほうでしょうか、それとも飛ばないほうでしょうか。

ゴルフにおいて「飛ぶ」ということは、スコアメイクの面でとても有利です。ドライバーが真っすぐ飛べば、バンカーなどを越えてティーショットを有利なポジションに運べますし、２打目を短いクラブで打つことができ、ショットの成功率も上がります。ＰＧＡで賞金ランキングとドライビングディスタンスが深く関係していることからも、これは明らかです。

しかし、アマチュアの方にとって「飛ぶ」ということは、おそらくスコア以上に快感や優越感という点で、とても大きな意味を持つものではないでしょうか。同伴プレーヤー、とくに年齢や体格の近い人よりも飛ぶとゴルフは楽しいですし、飛ばないと悔しいものですよね。だから、飛距離アップはスコアメイクだけでなく、ゴルフを楽しむという面でもとても重要なことだと思います。

「飛ぶ」ということに、デメリットはありません。「飛ぶ人は曲がる」と言う人もいますし、以前は私もそう感じていました。しかし、実際はそうではありません。最大飛距離２５０ヤードの人が２５０ヤード打つのと、最大２８０ヤード飛ばせる人がコントロールして２５０ヤード打つのでは、精度の面でも後者が有利なのは間違いありません。最大２８０ヤードの人が２９０ヤード飛ばそうとするから曲がるのであって、飛ぶ人のほうがそのときの曲がり幅が大きいというだけです。

本書で紹介した私の理論は、飛距離だけでなくスウィング全体のレベルを上げるものだと言いましたが、皆さんには、ぜひ飛距離にこだわってほしいと思っています。アマチュアの方のほとんどは、持っている飛距離のポテンシャルを出し切れていないので、伸びしろは大いにあります。今、ヘッドスピードが40m/sの人は、スウィングが良くなればそれだけで42m/sにも45m/sにもなるはずです。そうすれば、プロ並みの飛距離も夢ではありません。

最後になりますが、本書の出版にあたり多大なご協力をくださった皆さまに厚く御礼申し上げます。ありがとうございました。

２０２１年12月吉日

プロゴルファー　高島早百合

著者
高島早百合
（たかしま・さゆり）
プロゴルファー。1992年、京都府出身。12歳でゴルフを始め、名門・東北高校へ進学。2010年の東北ジュニアゴルフ選手権で優勝、東北女子アマチュア選手権で2位。その後、2011年のプロテストで一発合格しプロ転向。ツアーに参戦しながら2018年に初出場したドラコン競技のLDJ日本大会予選では女子の日本最高記録365ヤードをマークし、同大会決勝で優勝した。現在は、競技のほかに「飛ばし屋女子プロ」としてテレビなどのメディアで活躍。YouTubeチャンネル「さゆーちゅーぶ」も人気。

高島早百合
YouTubeチャンネル

ドラコンクイーンが
365ヤード
飛ばすためにやってきたこと

2021年12月10日　初版発行

著者　　高島早百合
発行者　木村玄一
発行所　ゴルフダイジェスト社
〒105-8670　東京都港区新橋6-18-5
☎03-3432-4411（代表）
☎03-3431-3060（販売部）
e-mail gbook@golf-digest.co.jp
URL www.golfdigest.co.jp/digest
書籍販売サイト「ゴルフポケット」で検索

印刷・製本　株式会社光邦

定価はカバーに表記してあります。乱丁、落丁の本がございましたら、
小社販売部までお送りください。送料小社負担でお取り替えいたします。

ISBN 978-4-7728-4199-3　C2075